高职高专"十三五"规划教材

民航运输类专业系列教材

航空面试技巧

HANGKONG

MIANSHI

JIQIAO

The Second Edition

第二版

张号全　孙　梅　主编　　　　王重华　主审

化学工业出版社

·北京·

《航空面试技巧》的第二版保持了第一版的编写风格，从航空公司招收人才的面试要求出发，介绍了航空面试的意义、人才选拔的条件、模拟舱演练、日常专业训练、面试程序、面试准备、面试礼仪、面试常见问题的提问与答案、模拟面试、面试注意事项以及对航空服务类职业的认知、对客服务的各种规范做法等。另外，为了进一步增加读者对本书的理解和运用能力，书中还特别增加与更新了"延伸阅读"，用航空业发展的真实案例来诠释航空面试的内涵，使其成为航空服务人才的求职面试宝典。

　　本书主要为各职业院校航空服务类专业在校学生的求职面试而编写，也适合于广大青年求职面试于航空服务类的工作岗位及新入职的航空服务类人员的学习使用，同时也不失为高校面试航空服务类专业新学员及航空公司面试各类服务人才的专业参考用书。

图书在版编目（CIP）数据

航空面试技巧/张号全，孙梅主编．—2版．—北京：化学工业出版社，2017.9 （2024.2重印）
高职高专"十三五"规划教材
ISBN 978-7-122-30467-4

Ⅰ．①航… Ⅱ．①张…②孙… Ⅲ．①民用航空-乘务人员-招聘-考试-高等职业教育-教材 Ⅳ．①F560.9

中国版本图书馆CIP数据核字（2017）第201123号

责任编辑：旷英姿　　　　　　　　　　　　装帧设计：王晓宇
责任校对：宋　玮

出版发行：化学工业出版社（北京市东城区青年湖南街13号　邮政编码100011）
印　　装：三河市延风印装有限公司
787mm×1092mm　1/16　印张10¾　字数227千字　2024年2月北京第2版第14次印刷

购书咨询：010-64518888　　　　　　　　售后服务：010-64518899
网　　址：http://www.cip.com.cn
凡购买本书，如有缺损质量问题，本社销售中心负责调换。

定　　价：27.00元

前 言

首先感谢广大读者对《航空面试技巧》这本教材所给予的长期支持与厚爱，本书自面市以来一直受到大家的一致好评，成为了航空服务类专业广大学员及从事航空服务类工作人员的学习及参考用书。为了紧跟时代的脚步，让这本书更贴近现实，以符合航空事业人才发展的客观需要，为读者提供更加真切有效的航空面试知识，因此应广大读者的要求，我们对这本书进行了修订再版。

在"世界经济看中国"的环境下，随着"一带一路"经济圈的发展联动战略的逐步实施，我国与世界各国之间的交流交往与联络日趋频繁，进一步促进了民航业的迅猛发展，彰显了"民航强国"的美好形象。在航空运输业一路飞跃的今天，国际化航空服务人才的培养及选拔工作面临着诸多的机遇与挑战，特别是我国的航空事业起步较迟，发展速度极快，近年来对航空人才的需求量剧增，而航空人才培养的综合素质及各方面条件也要顺应时代的发展需求。2012年，我们组织出版这本教材时，也是考虑到本书的实际需求，期望更好地适应新的航空事业对人才发展的要求。

本书第二版的内容是在第一版的基础上，对各章节都进行了不同程度的增删与修改，特别是对报名面试条件、面试程序、相关的专业知识等大家最关心的内容，及时地进行了添加与更新，并增加了新的延伸阅读内容。期望读者能够在本书中清晰地了解我国航空事业的发展现状，对服务人才的录用标准以及航空面试中的相关环节及主要内容，把握好面试中的一些细节、关键处及疑难点，消除面试时的不良心态，客观正确地对待航空面试，主动地抓住每一次的面试机会，做到心中有数，有的放矢。

本书由长期从事就业指导与航空面试工作的武汉商贸职业学院张号全负责修订

工作。此次对本书的修订，本着真实、客观的原则，把我国航空业发展的真实一面和对人才的需求条件与现状及时地呈现出来，以满足大家的使用需要。我们衷心地希望本书能够对广大读者有所裨益，帮助大家更好地圆梦航空事业。

真诚地感谢广大读者的理解、支持与厚爱，欢迎多提宝贵意见！

编　者

2017年8月

第一版前言

航空面试技巧

　　本书按照民用航空业对服务人才选拔的要求及行业面试特点，结合教育部对高职高专院校航空专业人才的培养精神，本着实用性、可操作性、具体化的引导性等基本原则而编写。本书注重理论与实际相结合，突出内容的前瞻性、实效性、操作性和专业性，图文并茂，通俗易懂，并安排有"延伸阅读"等内容，有助于拓展学习的知识面。本书可作为高职高专航空类专业教学用书及广大有志从事航空服务的青年面试的参考资料。

　　随着我国改革开放的进一步深化及全球一体化进程的加快，民用航空业得到了空前发展，航空运输业迅速腾飞。由于我国航空业起步较晚，在航空国际化人才的培养方面显得较为薄弱，人才培养难以适应与满足快速、高度、国际化发展的航空业需求。特别是近年来，为了满足航空业对人才的需求状况，开设航空专业的院校数量也急剧增加，同时也有一些有志从事航空服务的青年也急需相关航空面试教材，而相关教材又比较缺乏。因此，我们组织相关专业教师编写了此书。

　　"航空面试技巧"是一个综合而复杂的命题，原因是其内容与环节中所牵涉的层面非常之多，而有些不可能是在面试之前临时抱佛脚就可以解决与处理好的问题。在面试中应调整和控制自我，懂得理性和真实，体会专业成长中的快乐，锻炼个人的心智和胆识。对待面试要保持一种客观的心态，要认清工作岗位的现实性和发展性，才不会错失良机。虽说航空面试和其他行业工作岗位的面试要求有相通之处，但也存在行业特殊化差异，绝不能马马虎虎对待航空面试。

　　本书由长期从事就业指导与航空面试工作的武汉商贸职业学院张号全负责编写提纲、整合内容、统稿全书等工作，并由张号全、上海建桥学院孙梅主编。具体编写分工如下：张号全编写第一章、第三章、第四章；江西旅游商贸职业学院王丹编写第二章；孙梅编写第五章；上海建桥学院王重华负责本书的审稿工作。

在本书的编写过程中，编写团队走访与咨询了长期从事航空服务的专家、管理人员、一线员工及在校大学生，汲取了他们的一些意见与建议，大家对本书的具体内容及章节给予了充分的肯定，并衷心地希望本书能够为将来有志于从事航空服务的广大社会青年及在校学生带来具体的面试指导，帮助他们早日踏入理想中的工作岗位，实现人生的航空梦想。

真诚感谢广大读者的厚爱，欢迎多提宝贵意见。

编　者

2012 年 7 月

目 录

航空面试技巧

第一章

航空面试的基础知识

学习目标

- 理解航空面试的定义及内涵。
- 了解我国航空服务业人才的发展状况和基本条件。
- 理解航空面试的现实意义。
- 打好平时的课业基础和强化素质培养。

对于参加航空面试的人员来说，首先就是要清楚什么是面试，面试所包含的实际意义，并通过了解我国航空人才发展的基本状况，进一步明确航空服务人才所肩负的重任，以更加理性的心态来面试，进而才能在个人的大脑中形成一个较为清晰的面试轮廓，在日常的课程学习及基本功训练中，打好各方面的素质基础，轻松自如地应对航空面试，不逃避、不应付、不害怕、不胆怯。用理解面试来增强面试信心，才能面试出理想的结果。这就是本书第一章内容所要介绍的航空面试的定义、内涵和航空面试的现实意义及我国航空业的发展。

第一节
航空面试概况

在新的历史时期，我国航空业迈进了国际化的发展历程。随着我国改革创新的深入推进，与全球范围内的政治、商贸、教育、文化、活动、生活、旅游等之间的互动交流频率迅速提升，加之"一带一路"边境之间的多方合作，可以说我国航空这一黄金产业的春天已经来临，同时也给我国三大交通支柱产业（飞机、汽车、火车）之一的现代航空人才带来大好的发展机遇。近年来，对航空服务人才的需求量不断激增，面试成了人才选拔与入选的一条重要途径。因此，只有正确地对待与把握好面试，成功通过面试关的希望就会大大增加。

本节重点阐述的内容一是面试的定义；二是通过了解我国航空服务人才的发展历程，弄清楚航空服务人才的基本条件以及在航空服务人才选拔中采取面试的必要性。

一、航空面试的一般定义

1.航空面试的定义

所谓航空面试，通常可以简单地理解为一种对航空服务人才选聘时的行业考评办法。和一般的纯纸笔化答卷考试的区别就在于，面试是由航空公司或委托第三方根据自身的某些特殊性需要、职业特点等，经过精心的设计与安排，由考官直接和考生面对面的现场互动，通过对形体、礼仪、口语表达、气质、表情、行业认识、工作态度、反应能力、尊重感、团队精神、服务意识等专业及综合素质的观测与了解，最终得出录用与否的面试评判结果。

因航空公司而异，对选拔与使用人才所采取的面试程序也会有所差别。根据工作岗位的需要与工作性质的不同，有的航空公司采取一轮面试通过制，有的则采取多轮面试淘汰制，还有的采用面试加笔试的混合面试法。总之，无论采用哪种面试方法，目的只有一个，就是选拔较为合格的人才充实到航空公司的各个工作岗位上来，满足公司运营需要。

由于航空服务业的特殊工作环境与岗位需求，通过直接面试的方法招收符合岗位工作要求的各类人才，成了各大航空公司必要且必需的招聘考评活动，也给参加面试的人员提供了对应聘航空公司进行当面了解与沟通的良好机会，可以更加充分地向考官展示个人的一些才华，给考官留下深刻美好的第一印象，进而加大与提升个人被招聘公司录取的机会。

图1-1至图1-5为航空面试场景。

图1-1　航空面试场景（1）

图1-2　航空面试场景（2）

图1-3　航空面试场景（3）

图1-4　航空面试场景（4）

图1-5　航空面试场景（5）

2.航空面试的多重含义

对于航空面试的实际内涵，从另外一个角度来看，也是航空运输业自身的发展所需。近年来，随着我国综合国力的增强，国人的收入水平不断攀升，花在交通出行方面的资金支出占总收入的比值保持着较高的水平。由于客机运载体现着快捷、尊贵、优雅、高水准的贴心服务，已成为一种时尚的出行方式，特别成为年轻人、高收入者或商务人士的出行首选

另外，世界各国间的交流与交往日渐频繁，如旅行、探亲、求学、商业活动等对客机也越来越依赖，这种前所未有的飞行需要也促使民航运输业迎来了空前的快速发展时期。新机场的数量在不断地增加，新的航空公司也如雨后春笋般涌现，空中航线竞相开辟等。航空运输业的多元化发展催化着航空公司的业务量大规模拓展，空中交通网络的密集化建设，无疑对航空服务人才的需求也在大量扩充着。

但是，客机作为交通运输中的一个相对高层次承载工具，必然也会受到乘客对特定化服务的严格要求。俗话说花钱买享受，顾客永远是上帝，航空公司对航空服务项目内容的优化与服务水准的提升也在所难免。这种优化与提升会直接链接到对服务人才的严格选拔上，必须跟上时代发展的脚步，一切以满足顾客需求为前提。

不仅如此，航空运输业在发展中的竞争时刻存在，航空公司之间抢争客源行为，致使各航空公司的经营性风险也会增多。不靠优秀的服务人才和深入人心的服务措施难以取悦顾客的心。如何以微笑和体贴周到的服务赢得顾客的笑脸，提高顾客的回头率，成了各大民航公司竭尽全力、想方设法去做的事情。

民航公司的经营效益离不开服务岗位的工作表现，所以抓服务促发展，首先就是要抓好人才的挑选，进而才能谈及服务的品质好坏与顾客的满意度，这其中的多重因素最终都会成为各航空公司招收服务人才面试的真正理由与实际把控的内容。清楚了这一点，对于航空专业的学员及将来想要进入航空服务领域的人员来讲，会由衷地感受到航空面试的重要性与必要性，从而客观、理性地接受面试选拔，而不是报有随意性的心态，自己忽悠自己。

二、航空发展进程及空姐诞生

古有嫦娥奔月，今有人类飞天。飞越蓝天的梦想千百年来一直是中国人孜孜不倦的事业追逐，时至今日遨游天际或与蓝天为伍，也欣然成为众多年轻人梦寐以求的理想职业和人生发展的愿望及诉求。但作为肩负着国家民航事业未来发展重任的青年学子们，只有真实客观地追溯人类的航空发展脚步，了解航空服务人员的诞生历程，明确职业的使命感和责任感，才能更加清晰地认识到作为一名航空服务人才的荣耀和自豪，从而严格地要求自己，在学习与锻炼中成长和成熟，自信地接受航空公司的面试考验，成为一名合格的航空服务人员。

1.中国古人的飞天愿望

众所周知，我国甘肃省敦煌莫高窟壁画中那些栩栩如生的众多"飞天"形象（见图

1-6及图1-7），无不是腾云驾雾，云气缭绕，绶带映衬，充分地展现出我国古人想象中的飞越感。河南省永城市境内芒砀山西汉梁王陵墓群中的柿园汉墓"飞龙"彩绘壁画（见图1-8），龙头昂扬，龙身起伏，眷带随从，飞舞在祥云中，被称为"敦煌前的敦煌"，令人震撼。

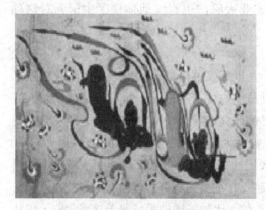

图1-6　敦煌飞天壁画（1）

图1-7　敦煌飞天壁画（2）

图1-8　芒砀山西汉梁王陵墓群中的飞龙壁画

在《庄子·逍遥游》中，对2000多年前的战国时期列子飞天的故事也有这样的记载："夫列子御风而行，泠然善也。"就是说"列子能驾风行走，那样子实在轻盈好看"，表达出了庄子对列子能够随风而行的姿态和方法给予极大的赞赏。在《庄子·齐物论》中，有"昔者庄周梦为胡蝶，栩栩然胡蝶也"之句，解意为"过去庄周梦见自己变成很生动逼真的一只蝴蝶，感到多么愉快和惬意啊"进一步证明了庄子内心的一种飘逸飞行渴望。

另外，《山海经·海外南经》及《山海经·海外西经》中则记载有长翅膀的羽民和飞车等。

从以上事例中，无不说明从古代开始，华夏民族的先人们就已经对头顶上的这片蓝色空间充满了无限神奇的遐思和向往。不过那时候，由于受当时生产力的简陋方式及科技水平低下的条件限制，人们飞越蓝天的梦想只能是一种留存于内心的丰富想象和展示在笔下的美好艺术幻境。然而正是通过一代又一代人的这种飞行心愿的堆加和不懈追求，才成就了我们今天民用航空造福人类的宏业大愿，也真实地体现了中国人对这项伟大事业的前赴后继。

2.世界飞天史上留下的脚印

当科学技术的文明脚步开始迈入十八至十九世纪发展阶段，随着人类对航空事业辛勤探索与积极发现，再加之工业化革命的先进技术与生产力的无形推动，成就了载人升空飞行实验成功。英国人乔治·凯利还把自己的研究成果《论空中航行》分期发表在英国的有关杂志上，引起当时人们的极大轰动，被誉为现代航空学诞生的标志性时期。

进入二十世纪，天空这片在人们眼中曾经无比神秘的一方圣土，终于一步步地被揭开了神奇面纱，让蓝天自由地展现在人们的眼前，有不少为此努力过的航空科技人才，在人类实现飞天的梦想史上做出了伟大而卓越的贡献。比如美国的莱特兄弟（威尔伯·莱特和奥维尔·莱特）、旅美华人冯如等，从此人类挑战天空的力量变得越来越强大。

1909年7月25日法国飞行员路易·布莱里奥驾驶他设计的"布莱里奥"单翼机，从法国飞越过英吉利海峡，抵达英国，完成了人类飞行史上第一次国际间的飞行。

飞机的首次航班起始于1914年1月1日，由美国著名的长途飞行员托尼·贾纳斯驾驶伯努瓦号水上飞机，从美国的圣彼得斯堡飞往美国的海港城市坦帕，当时飞机上只载有一名乘客，航线31公里，全程飞行时间约23分钟。

1919年8月25日英法间开通了定期空中客运和货运航班，路线从英国的洪斯罗经伦敦到巴黎，机上载有两名乘客和一批面霜、几只烹调名菜的松鸡，航班行程时间两个半小时，票价25英镑，极其昂贵。空中民用交通的大幕也就此开启，世界民用航空运输业正式走到台前。开辟航空领土为人类的共同生存服务，缩短空间距离，提升人类社会的发展速度和人类生活品质在今天已经成为现实和可能，人类和航空业间的必然联系一再加强，密不可分。图1-9至图1-11为民用航空飞机。

图1-9　民用航空飞机（1）

图1-10　民用航空飞机（2）　　　　　　　图1-11　民用航空飞机（3）

3.世界上第一位空姐的诞生

随着民用航空运输业的正式登场，也必然地催生出航空服务人才的诞生。然而就像世间众多的新生事物一样，民用航空运输业的发展也经历一波三折的成长故事。可想而知，一开始人们对飞机这种新型的交通方式认识度非常有限，导致了许多误解性心理。总认为飞机在空中飞行太危险了，不如地面上的交通工具安全可靠，所以许多人都不愿意坐飞机。为了帮助乘客减轻乘坐飞机时的心理压力与负担，航空公司也费尽心机地想对策。

1930年初春的一天，波音航空公司驻旧金山董事史蒂夫·斯廷普森（Steve Stimpson）先生和护士艾伦·丘奇女士（Ellen Church）闲聊中，无意地吐露出了心中的无奈，航班服务工作繁忙，乘客挑剔牢骚满腹。由副驾驶承担这项服务工作，实在难以做到应对周全。心分两用，也很危险。另外，他还说到人们对于坐飞机感到不如坐火车安全等种种不客观的偏见意识。

丘奇女士当即就建议他雇用一些懂医学护理的女服务员到飞机上工作，并且说这些女孩子懂医学，会护理，还有令人赏心悦目的效果，可以吸引客人的眼球，这样有助于消除人们对空中飞行的顾虑与恐惧。这番话令斯廷普森先生很兴奋，感觉大有道理，果真就把这位年轻护士丘奇女士对他即兴发表的建议向上级部门作了书面汇报。因考虑到女护士的职业专长可以给乘客提供更多的需要帮助，加之她们内心细腻、善解人意、温柔体贴、年轻漂亮，无形中会对人们乘坐飞机出行带来一定的感召力与影响效果，上级部门就答应了这个请求，也从此改写了飞机上没有专职服务人员的历史。图1-12和图1-13为世界上第一位空姐艾伦·丘奇。

经过不懈努力，1930年5月15日丘奇女士的美丽身影出现在波音公司（BAT）从奥克兰到芝加哥的航线上，终于实现了她喜欢飞行的蓝天梦想。

美国爱荷华州的注册护士艾伦·丘奇女士成为了安慰和照顾乘客的第一位空乘服务人员，是世界上第一位空姐。原来由飞机副驾驶员承担的空中对客工作的兼职任务，由此成为了另一个专职的空中服务工作岗位，也逐步地扭转了人们对乘坐飞机的不正确看法，减轻了乘客在航行中枯燥无聊的冷落感受，使空中旅程变得温馨与舒畅。艾伦·丘奇女士成了蓝天上的空中使者，世界民航史记录下丘奇女士的空中服务倩影。

图1-12　世界上第一位空姐艾伦·丘奇　　　　　　图1-13　艾伦·丘奇女士（左）

 延伸阅读

早期的空中服务

　　早期，人们普遍都没有航空服务的意识和理念，根本谈不上服务的形式和具体内容，有点类似于今天人们乘坐普通汽车的那般待遇，工作人员身兼数职，既是司机又是检票员，同时也是清理工，当时在飞机上由副驾驶员负责对乘客的简单性服务。

　　自从美国波音航空公司采纳了艾伦·丘奇女士的建议开始招用空中女服务员，瑞士、荷兰和德国等国的各大航空公司也相继招聘了机上专职服务的女性工作人员，被人们尊称之为"空姐"。20世纪30年代的美国对空姐的选择条件十分苛刻，必须是拿到注册执照的护士，未婚，年龄25岁以下，体重不超过50公斤，身高1.62米以下的身材娇小可爱型的女性，每月飞行时间不低于100小时。

三、我国航空服务人才的发展状况

　　自1920年4月24日北京至天津的客机试航成功，正式拉开了中国民航的开天大幕，虽然这个时间和西方国家的开航时间表没有太大的差距，但由于当时中国社会的动荡不安，政治时局的各种深层次因素影响，致使民航业的发展受到严重地阻碍，航空服务人才的使用与培养也不尽如人意，造成中国民航服务人才发展的滞后现象。由于受到当时中国经济和文化意识落后状况的束缚，人们并不看重出行的速度与服务水准，而是讲求实惠省钱，能够平安到达即可。

　　中国民航空乘服务人员的最早出现时间大约在1935年的下半年，初期只有男生担任客舱服务工作，被称之为"侍应员"或"侍应生"，1936年以后才有女生加入这个职务的行列，一度曾有"飞机女招待"等的各种叫法，也反映了那个时代航空事业的无秩序性。图1-14至图1-16为我国早期航空服务人员。

图1-14　我国早期航空服务人员（1）

图1-15　我国早期航空服务人员（2）

图1-16　我国早期航空服务人员（3）

新中国成立初，由于受经济贫困的影响和人们思维方式的禁锢，坐飞机出行只是大多数人心中的一个遥远梦幻和好奇之事，多数人也只能羡慕地看着天空中来回飞行的飞机，听着飞机嗡嗡地飞行声，或者有些人也会呆呆地做着自己的飞机梦，这种切身的体会对于上几代人来说并不罕见。由此也不难想象到，那时我国航空服务业发展的进度也是极其的缓慢，对服务人才的培养、选择与使用的意识与理念远不及今日。而如果用现行的标准化服务品质来衡量，那时我国的航空服务无法达到一个真正意义上的服务可言，更多的服务成分是完成一项工作任务而已。

延伸阅读

新中国首批女空乘人员

新中国成立后的20世纪50年代初，国家领导人便开始着手考虑我国的航空航天事业发展建设的大事，民用航空运输领域和国外比较起来，处在十分落后的状态下，时任国务院总理的周恩来同志对此十分关心和重视，亲自指示要从北京的中学生中挑选年轻姑娘来担任空中乘务员。因为在1952年7月成立了中国人民航空公司之后，曾从其他部门的工作岗位上选调过4名男生经过短期培训担任空中乘务工作，但是由于工作中的各种原因，还不到一年他们都先后离开。这件事让周总理很是放心不下，就明确指示要航空公司招收女乘务员。

至此，一个秘密招收空乘人员的行动在北京城内悄悄地进行着。在这次挑选空乘人员行动中有十八位姑娘幸运中榜，被国内业界称之为中国空姐史上的"十八姐妹"，以出生年龄顺序排名，她们分别是：

张素梅、宛月恒、寇秀荣、宋淑敏、李雅惠、陈淑华、

马鸿志、李淑清、郭肇贤、康淑琴、王绍勤、朱玉芳、

石秀英、王竹报、张若兰、沈　伦、李淑敏、孔宪芳。

虽然当时她们的年龄大都在18 ～ 19岁，最大的也只不过是22岁，但是她们个个焕发着青春的朝气和有着为新中国民航事业奉献的人生理想。她们是中国民航史上最初的一群蓝天之星，她们亲手描绘的新中国民航客运服务的故事至今依然被大家传颂着。

我国民用航空运输业人才需求的大发展阶段起始于1978年的十一届三中全会后，这得益于国家改革开放政策的大力实施，社会主义市场经济繁荣昌盛，人们的经济收入成倍增加，口袋里的用于可支配的钱多了，于是开始追求个人的出行速度与渴望高水准的服务质量，进一步推动与形成了航空服务人才的培养与选拔程序。我国航空服务人才不仅数量递增快，服务人才的各项素质也在提升。工作岗位分工日趋细致化，工作环境日益改善。

特别是在我国深化改革经济飞速发展的时期，使得国际航空业巨头们纷纷抛出橄榄枝，空客、波音公司先后把海外的安装及交付中心工厂移居中国，我国航空业在国际上

的地位、价值及吸引力日趋增强。这也标志着我国航空服务的国际化时代的到来，以及航空服务的精细化管理与服务层次的高规格化已经形成，行业对服务人才的定义也不再局限于空中服务这一类别的工作岗位，如网络信息系统维护类、信息管理类、线上线下售票类、安检类、物流类、保险类、机场客服类、机场值机类、空中服务类等不同的工作岗位。可见，航空服务人才的分工细化与各种岗位的人才需求，为高校航空服务类人才的培养带来了前所未有的大好机遇，同时也为社会上有志于从事航空服务工作的人才开辟了更加宽泛的入行通道。

图1-17和图1-18为航空服务人员图示。

图1-17　航空服务人员（1）

图1-18　航空服务人员（2）

在航空业国际化大发展的今天，行业对服务人才的高水平、高素质化的选拔要求已成事实。因此，愿意为祖国的航空事业贡献力量的年轻人，既要看到大好形势下的发展良机，也要对自身严格要求，这样才有可能通过航空公司的各级面试关和选拔考核项目，走上理想的工作岗位。

延伸阅读

外籍中国空姐

邓小平建设有中国特色的社会主义国家的伟大构想在神州大地掀起的改革开放之风，吹暖了中国的经济，也掀开了中国民航运输业的发展热潮。为了更好地适应国际化民航业发展脚步，满足国际航线客人的个性服务需求，国内航空公司陆续招收了一批又一批的外籍乘务员。

1994年东方航空公司成立外籍乘务员客舱分部，招收了七名日本籍空姐；

2000年6月开始，海南航空公司先后招收了十多名加拿大籍空姐；

……

如今，在中国民航客机的乘务员中，能看到来自不同国家的美丽面孔，有美、日、法、韩、德、印、加拿大、西班牙、俄罗斯等多个国家的年轻女孩。相信有她们的热情加盟，中国客舱内的服务身影会更加的绚丽多彩，温馨洋溢，让沟通与交流变得进一步顺畅和自然。

另外，亲眼目睹中国航空事业的飞速发展，也让这些外籍中国空姐们，对未来充满着无限的激情与梦想，她们早已经把中国当成自己的第二个家乡。

四、航空公司选拔服务人才的基本条件

1.人才招聘符合当下时代

纵观我国民航产业喜人的发展现状，在巨大的运输增量中潜藏着无数的职业机会，岗位提供与岗位竞争同时存在。各航空公司为了迎合时代理念的服务需要，保持增长的公司经营效益及对外形象的良好影响，对人才选择的各项条件限制、职业岗位必须具备的素质培养等要求更加理性与规范，特别是对人才自身的素质评判也更加客观真实和具体化。相对来讲，相貌端正、热情大方、知礼懂尊，具有文化素养、奉献精神、团队意识、大局观念等新时代的人才符号，会胜过以往概念意义上单纯性的面容漂亮。讲素质、讲内涵的当下时代，对航空服务人才也不例外。

如何把航空服务人才塑造成具有航空的特殊含义与标准化代表的形象，更好地符合中国民航以及世界民航事业的进步需求，不仅是学校与学生本人一直在努力的目标及达成的心愿，航空公司本身为此也在竭尽全力地为人才的未来制定细致化的项目版本与条件格式，按照严格的程序来发现与选拔到适合实际岗位需要的航空服务人才。这是对人才的尊重和客观认识，也是对公司的负责与忠诚，任何一个航空公司都不例外。就国内各航空公司目前的选择条件和形象要求，基本内容相近，但细节上也不全然相同。

2.航空公司面试服务人才的条件设定

① 面试年龄：18～25周岁（也有航空公司招收高学历者年龄不超27周岁），未婚；

② 女生通常身高：1.63～1.75米，男生通常身高：1.72～1.85米；

③ 五官端正、心理健康、肤色好、仪表清秀、身材匀称；

④ 牙齿整洁，无明显异色，无口臭、腋臭、皮肤病；

⑤ 身体裸露部分无明显疤痕、斑点等，无精神病史及各类慢性病史；

⑥ 步态自如，动作协调，腿部直立无"X"或"O"形状，走路无内外八字形；

⑦ 双眼对称，目光有神，无色盲、色弱，单眼矫正视力均不低于C字视力表0.5〔空中安全保卫人员：单眼裸视力C字视力表0.7（含）以上〕；

⑧ 听力及其他健康状况符合中国民用航空的规定要求；

⑨ 中文要求普通话标准，声韵母发音清楚，无明显方言语调；外语要求口语表达流

利，日常交流无障碍，掌握小语种者优先；

⑩ 学历及专业要求依照各航空公司的招聘规定；

⑪ 其他条件符合民用航空招收空勤、乘务人员的审查标准。

图1-19和图1-20为某航空公司在面试学员。

图1-19　航空公司在面试学员（1）

图1-20　航空公司在面试学员（2）

明星的空姐梦

被誉为"古典第一美女、最能代表中国美女"的香港影星赵雅芝，1971年从香港天主教崇德中学毕业后，应聘为日航公司的空姐。直到1973年，19岁的空姐赵雅芝参加"香港小姐"选举，获得第四名，被演艺公司邀请参加电影拍摄，才退出航空公司。

在那时候竞选港姐是全港民的盛事，美貌与智慧并重，赵雅芝得益于当空姐时的良好素质训练基础，在竞争中胜出。此后，她就成了：

中国香港20世纪80年代前期最红女明星、片酬最高女演员；

中国台湾20世纪90年代前期最红女明星、片酬最高女演员；

大陆20世纪90年代最红女明星、最有口碑女演员。

中国台湾新武侠电影浪潮，江湖片风潮，历史题材戏说风潮，神话演绎风潮的最具代表性人物，一部《新白娘子传奇》让赵雅芝成了国人眼中圣女偶像。

如今的赵雅芝笑容依旧甜蜜，温文尔雅的形象还透露着航空训练的影子。

五、积极面对航空面试

1.了解我国民航客流量状况

我国航空事业的明天离不开朝气蓬勃的年轻人，因此，需要一大批品学兼优的各种人才对这份事业的认同感与奉献精神。同时还要将对航空事业的自信，建立在我国民航客流量急剧上升的基础上。从快速递增的客流量数据中，确实会带来异样的兴奋和愉悦，也不由得让每一个执著航空的追梦者为此心旷神怡。

由图1-21中所列数据可以看到民航客流量的巨大变化。

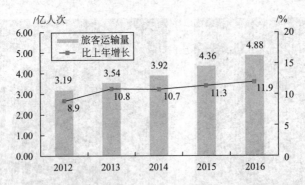

图1-21　民航客流量走势图（数据文件：中国民航局）

我国民航的客流量呈直线上升的趋势，2012年超过3亿人次，2016年客流量为4.88亿人次，预计2017年客流量将达5.36亿次，年均增幅超过10%。另据民航总局十三五规划公布的数据，到2020年民航客流量将增长3亿人次，波音公司预测2030年国人选择乘机出行将达15亿人次。在航空运输量排名中，我国已连续九年位居世界第二。

据相关资料显示，建国初期的1950年民航客流量只有1万人次，经过六十多年的国民经济建设，我国民航产业取得了令人骄傲的运营业绩，已跻身于世界民航业的发展前列。从整体的发展态势上，可以进一步预见未来民航业潜在的诸多职业机会在等待着大家。

2.以积极心态走向面试

今天大家坐在教室里，就不得不开始思考未来的工作的时候，总能感受到一些压力。这很正常，因为感受到了总比没有感觉要强得多，起码知道自己来这儿学习是有目的和方向的。既然一开始就选择了这个行业，还应该明白其中的意义，了解其中的不易。

意义，就是我国航空事业的未来发展前景非常美好，需要用个人所学习和掌握的专业知识与技能，还有那份对航空事业的热情，积极地投身和参与到航空事业的发展与建设中来，亲身感受和体味航空事业有可能带给喜欢从事这项职业的每一个人非凡的人生际遇。

不易，就在于这个事业本身所具有的神圣使命感，并不是一份用简单劳动就能满足的工作职责，因为这项事业本身就承载着人们寄予的太多愿望以及从事这一职业而必须具有的对航空事业的奉献精神与责任感。

要从事这项工作，必须要懂得以怎样的态度来面对和担当，进而就会明白航空公司之所以会对人才选拔这样精心刻意与严格细致，完全是因为这项工作本身的实际需要。

作为肩负着世界历史、国家、民族和自我发展重任的年轻学子们还应该看到，在我国社会主义市场经济极其活跃与繁荣的今天，民航业义不容辞地站在了抢抓时代机遇、勇夺发展先机的风口浪尖上，对航空公司自身来说无疑是非常可喜的。然而当一个产业链处于高速运转状态时，链条中的每一个节点（岗位）的速度都必须要跟得上整个运行链的高速转动，否则就不可能实现理想的发展机遇。单从这一点上来讲，航空公司招用人不再是为了有人来做某项工作，而是这个岗位一定要找什么样的人更适合，能把工作的品质做得更好，一切都是为了让顾客内心感受到航空服务工作的满意度为用人原则。而通过现场面试的各个环节，航空公司除了对面试者硬性的条件确认以外，还能从双方的沟通、交流、活动等互动中更加直观地了解面试者的心态、素养、内涵、潜质及待人接物的方式和方法等，真实客观地评价面试者与其具体的岗位是否匹配。另一方面，面试者也能够在和公司人员言语及行事的对接过程中，更多地了解航空公司的真实情况，做到心中有数，脚下有根，从从容容地进入面试。

<h1 style="text-align:center">第二节
练好平时的基本功</h1>

俗话说功靠平时，利在当下。没有平时一点一滴的勤学苦练，努力地付出，即使是机会到了眼前恐怕也难以抓住，达不成工作的心愿，可见平时的用功对于个人的将来有多么重要。如果能够对这一点心领神会的话，相信每个人必将在以后的面试中充满希望，这样距离成为一个英姿飒爽、彬彬有礼、自信可爱，被人羡慕的航空工作人员为时不远。

本节的主要内容就是重点阐述如何关注日常课程的学习和训练，提升专业素养，从自我的一言一行中养成航空服务人才的专业习惯，为挑战面试练好必须有的基本功。

一、日常的专业课程学习

1.认真学习与积累专业知识

荀子在《劝学》中说："不积跬步，无以至千里；不积小流，无以成江海。"这句话阐明了千里之行始于足下、江海之水源自小溪的最浅显道理，很恰当地诠释了平时用功的必要性和正确性，其实对于学员们所关注的航空面试也是如此。面试既是一项可以临场发挥的技巧，也是一种内在基本功力的释放与展现，还是面试者日积月累后的能量爆发，来不得任意的轻视和怠慢心理。只有沉下心情，按住急躁，循序渐进地学习方可最终所得。

那么，对于日常的专业课程学习，首先就是要遵照本专业计划安排的课程大纲，遵守每一门课、每一课时的内容学习进程，跟随老师的讲解，循序渐进地向前走，这样利于学习内容的连贯和衔接，容易被消化吸收。特别是对航空这个行业以前生活中接触与了解的有限，存在着一定的陌生心理与神秘感，必须让自己的身心真正地深入到这个专业中来，认识它、熟悉它、不离开它，和这个专业亲密无间做好朋友。

图1-22至图1-24为航空专业课堂教学情景图片。

图1-22　航空专业课堂教学情景（1）

图1-23　航空专业课堂教学情景（2）

图1-24　航空专业课堂教学情景（3）

2.融会贯通有助面试发挥

这里强调的融会贯通，是指专业上要求学习的各门功课之间的互相渗透及融洽。不建议丢失或放弃其中的任何一门课程，也不希望依照个人喜好故意缺勤或不听老师讲课。如果这样做了，到头来会因各种各样的原因影响自己对专业基础知识的全面掌握和理解，而这些恰恰是在求职面试和以后的工作中不能够脱离的专业理论支撑。离开专业知识的学习去谈专业内的就业只能是纸上谈兵，解决不了实际问题。只有用心于专业课的学习，从中找到专业的感觉，举一反三，才会有得心应手的发挥。

假如还弄不清楚飞机的基本构造和飞行原理，不熟悉客舱的服务流程，不明白空勤工作有哪些岗位，乘客如何办理线上线下的乘机手续，空乘工作需要怎样的服务礼仪，不了解顾客的心理需求，对于特殊乘客的照顾及突发事件的应对等，这些基础的专业常识都没有掌握住，求职就业又从何谈起。

如果一同参加面试的其他人都有很好的专业训练基础和专业理论知识作铺垫，而自己平时却没有很好地顾及到这方面的重要性，总是偷懒找巧地逃避学习。当大家站在一起接受面试官的考评时，自己心理会产生怎样的压力感，相信在这些有经验的面试官面前，每个人的状态及水平都会被一览无余地观察到。所以只要当初选择这个专业，千万不能轻易地放弃当初的理想，或者偏离专业的重心去走别的旁门左道，这样做的结果无异于舍本逐末，将来后悔。

有的人习惯临时抱佛脚，来个考前大充电，几天几夜不睡觉把功课补回来，这样做不能说一点效果没有，但可以肯定不会有太好的效果，理解吃透和囫囵吞枣完全是两码事。再说了航空这个专业不比其他专业，不可只靠理论文字内容的理解应对求职需要，而必须要对工作的具体执行有一定的感官认识，对其做事原则和行为规范要求要不陌生。在面试中个人的举手投足间所传达与展示出来的东西让面试官感觉眼熟真实，就可以打动面试官的心，否则无论具有怎样高明的口语辩解能力，所做的有可能都是无用功，甚至会适得其反。

二、平时的专业训练

冰冻三尺非一日之寒，专业训练课程亦是如此。唯有持之以恒地坚持下去，做到每一个项目的大小训练都不缺席，认真严格地要求自己，熟练掌握所有的训练细节，达到自己能够一想到某件事就会很自然地流露出符合要求的规范化动作的目的。实现从开始时的训练量（训练时间多）到后来的训练质（训练效果好）的飞跃，从而使自己具有符合专业化要求的固有形象，让内行的人有亲切感，让外行的人有惊奇感，避免形式化的生硬表现。

1.专业训练的常规内容

平时的课程训练由老师带领与指导的课堂训练，加上课下班级小组之间的互助练习相结合，一般训练的基础内容分为安全操作和对客服务两大类。安全操作包括机舱的各部位操作，飞机安全常识介绍和安全用品的使用演示等，对客服务部分含有服务礼仪和服务态度、服务语言等行业规范化要求。

对客服务中的相关细节，包含微笑状态、语言技巧、动作协调、特殊客人的照顾与安排、突发状况下的应急机智表现等环节，是全面考察个人的服务意识、专业素养、忠诚感和灵活性等的硬指标。这些细节能很好地激发自我身上的专业潜能，展现尽善尽美的行业服务理念和服务标准。这些环节的内容均要求十分在意和投入，把语言和肢体动作训练到位，杜绝马虎大意。

图1-25至图1-27为平时的训练表演。

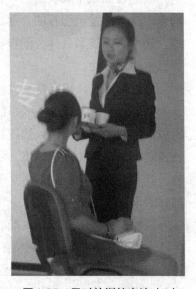

图1-25 平时的训练表演（1）

图1-26　平时的训练表演（2）　　　　　图1-27　平时的训练表演（3）

2.专业训练中对整体及个体的要求

航空公司组织的面试，一般是分成10人一组集体面试，所以平时的专业训练中还要特别强调动作的完整性和每个人之间动作的协同性。无论是哪些人分在了一个小组，都要事先考虑到团体表现，而不单单只是个体如何做的问题，这一点很重要。如果当一组人走上面试台，每个人都是团队中的一部分，其中有一个人的步伐或手势不规范，影响到的不只是个人，而会影响这一组人。混乱的动作和不整齐的队伍，势必会影响到面试官当时的心理感受，最终关系每一个人的表现得分。

要想在面试中表现出色，在平时的训练时就不能盲目进行，或者不按照规范要求做动作，想当然是不可行的。面试前，最好参照面试时的情形，多次分组有意识地进行排练，让大家都能亲身体会到自我在任何一个组织或团体中的位置，从而自觉配合，增强面试中的适应性。

分组训练时，还要特别关注到入场和出场瞬间的练习动作，目的就是给面试官留下一个整体连贯的好印象，吸引面试官的眼球和使其心情愉悦。无论是进场还是出场，小组成员都要步伐一致，且幅度相当，不能差别太大。如果一个小组中全是男生或女生应该问题不大，但如果是男生、女生一个小组时，就要注意到这方面的情况，不能各顾各的。要尽量保持统一，不然乱七八糟的，既不美观也不雅致，难以达到吸引面试官眼球的目的。

同样整体中的个体在入场、出场的动作练习中，更要注意到个人所做的每一个动作姿势的规范化和准确度，在整齐中求优秀，在优秀中求完美，让幽雅得体的面试动作为个人的面试加分。另外在面试过程中，当轮到个人作自我介绍和回答问题时，要自然大方地走出队列向前一步，不仅能够让面试官清楚地记住面试者，也是对他人的一种尊重。

三、养成良好的专业习惯

1.专业形象潜移默化在日常言行中

航空服务本身具有其本行业指令性的标准化、规范化的服务程序，必然要求从事本行业的服务人才一定要严格地坚守行业操作规范，不得有随意性，不得有损行业形象，违反行业操守，而这一良好的行为习惯离不开平时在日常生活的点滴细节中养成。所以无论是在课堂还是校园，都要保持专业学习中所强调与要求的站姿、步态、行体和着装，在待人接物中仍然要处处体现与践行航空服务人员特有的行业特色，充分展示出航空专业人才的良好素养。人们通常也会讲到"从细微处看精神"，个人的日常习惯决定着其行为方式的养成，行为方式中也透露出专业精神的践行。因此可以从一个人的日常行为方式与习惯动作中直接地观测到这个人具有的专业状态和专业素质，好坏差距一目了然。

图1-28至图1-30分别为日常专业习惯、着装及表演。

图1-28　日常专业习惯

图1-29　日常专业着装

图1-30　日常专业表演

2.从习惯养成到自然而然

有的人在课堂教学中表现出来的是一个样子，衣着和动作都会遵守专业的规定和要求，而出了教室就立刻变成了另外的一个人，一点也不注意自己的专业形象，根本不拿自己的专业素养当回事，把学的东西统统抛在脑后，这种做法须坚决弃之。没有持之以恒的坚持和对自我严格的约束与要求，就难有专业的持续提升与进步。得过且过容易过，换句话说假如真的影响到了面试，在这一关上过不去，不仅是对专业学习的浪费，心里面想要的工作也就成了妄想，到头来伤心痛苦的依然是自己。

良好的专业习惯养成在于平时的一言一行，要自觉地培养个人的专业习惯，只有做到了不经意间的动作就能给他人留下深刻而愉快的印象，个人就有了专业的稳固性，而这一特有的专业稳固性将会为自己开启走向航空公司的绿色通道。

延伸阅读

航空教授谈专业习惯

2011年年底，在一次会议上，中国民航大学原空乘学院院长李玉梅教授对专业的习惯问题，有以下这样的叙述：

1.专业学习不是表演，不能台上一个样台下又一个样。

2.学习专业不能光说不练，要一边学习一边练习，从理论到实践。

3.校园内外、课堂上下都要保持专业形象，散漫不得。

4.航空专业要学的东西太多，必须养成学习习惯，否则要落伍。

5.专业学习以做好服务为重心，不能脱离实际谈专业学习和习惯。

注：李玉梅教授曾获得全国民航劳动模范光荣称号，是中国航空服务人才培养方面的行业专家，为国家培养出了大批的航空服务人才和管理骨干。

专业的学习与训练是一个循序渐进的积累、提升过程，不可急进也不可不进。最怕三天打鱼两天晒网式的散漫行为，要保持永久的上劲心，养成良好的专业习惯，注重平时言谈举止上的专业形象维护，积少成多方有功到自然成的华丽蜕变。

四、关注行业动态

1.关注行业相关信息

干啥讲啥，买啥吆喝啥。学习航空专业将来就是要到航空公司上班工作，既然如此就不能不关注这个行业的相关信息。比如国内外民航业的新闻、大事件、新动向等，哪怕有些信息或新闻暂时看起来和自己没有什么直接的关系，也可以从中熟悉，观察与知道这个行业更多的内情。日积月累的行业知识越丰富，通过面试考评这道关和对将来的工作越有帮助。一句话，想从事航空这个行业，就必须发掘专业学习以外的更多东西。

在这个日新月异的时代里，民航业的发展速度更是惊人。新机场的建设、新航线的开通，一批接着一批，大航空的到来不得不让人展望本行业的美好前景。要学会从中探究自己想要的机会与学习动力，这也是激励自我专业学习与训练不断进步的好方法。

水有多深鱼就有多大，浅水不养鱼，屋深藏金银，水深藏龟鱼，业深藏潜力。只有对这个行业的用心钻研，熟知这个行业，才能为将来从事这个职业打下坚实的基础。

2.留心航空人才招聘信息

红红火火、轰轰烈烈的民航业必须有车水马龙、熙熙攘攘的人才作支撑，这是民航业持续发展与效益增长的基本要素，也是最有价值的资本。对于学习这个专业或将来希望从事这个行业的年轻人来讲，抓好、抓紧、抓住、抓稳时代大机遇无疑是明智之举。机遇就来自各种有效渠道的招聘信息，比如学校就业信息或院系发布的某些或某个航空公司招聘面试信息、航空公司网站公开发布的人员招收信息、航空公司进校园的现场招聘会，还有航空公司面向社会的各种航空服务人才的大型选拔活动，民航相关单位和机构举办的人才推介活动等。如果已经具备了面试的报名条件，就不要轻易地错过机会。

3. 了解民航运输的各种法规条文

没有规矩不成方圆，可见民航运输业的各种法规条文对于指导本行业开展各方面工作的重要性。将来要从事民航业内的工作，从现在起就要关注与学习这方面的知识内容，民航业的一切行动准则都要遵守本行业的法规文件条款内容的制约。

（1）国际航空法规

国际民用航空公约（The International Civil Aviation Covenant）也称"芝加哥公约"是有关国际民用航空在政治、经济、技术等方面问题的国际公约，为管理世界航空运输奠定了法律基础，是国际民航组织的宪法。国际民用航空公约是1944年12月7日在芝加哥召开的国际民用航空会议上签订的民航公约，1947年4月4日起生效。自芝加哥公约签署50周年的1994年起，将每年的12月7日定为"国际民航日"。我国于1974年2月15日承认该公约，同时决定参加国际民用航空组织的活动。

《统一国际航空运输某些规则的公约》（Convention for the Unification of Certain Rules for International Carriage by Air），又称为《1999年蒙特利尔公约》，于1999年5月28日经国际民航组织在加拿大蒙特利尔召开的航空法国际会议通过。该公约是在1929年各缔约国签订的《统一国际航空运输某些规则的公约》（简称《华沙公约》）以及1955年签订的《海牙议定书》、1960年《瓜达拉哈拉公约》、1971年《危地马拉议定书》、1975年蒙特利尔附加议定书等5个公约、修订议定书、补充性公约的基础上进行全面修订的，是国际民航组织主持制定的国际航空运输规则方面的重要国际法律文件。

《1999年蒙特利尔公约》于2003年11月4日生效。其宗旨是促进国际航空运输有序发展，确保国际航空运输消费者的利益。截至2005年1月18日，共有71个国家和欧盟签署了公约，61个国家和欧盟批准、接受、核准或加入了公约。2005年6月1日，中国向国际民航组织交存批准书，同年7月31日起对中国生效。

国际民用航空安全保卫公约有1963年在东京签订的《关于在航空器内的犯罪和其他某些行为的公约》（简称《东京公约》），我国已于1978年11月，经国务院核准加入；还有1970在海牙签订的《关于制止非法劫持航空器的公约》（简称《海牙公约》）和1971年9月23日订于蒙特利尔的《关于制止危害民用航空安全的非法行为的公约》（简称《蒙特利尔公约》），这两份公约已于1980年10月10日起对我国生效。

2010年国际民航组织国际航空安保公约外交大会在北京召开，审议并通过了《北京公约》和《北京议定书》，将新出现的对航空运输业安全构成威胁的犯罪行为予以刑事定罪，对国际反恐的有关新内容进行了法律界定，进一步从实体法和程序法的角度来完善国际航空刑法，以保障航空运输业的安全、健康和持续、快速地发展，更加全面有效地保护旅客的生命和财产安全，这也是国际民航史上第一个以中国城市命名的国际公约。

（2）我国民航法规

中国民航运输法规有《中华人民共和国民用航空法》，1995年10月30日第八届全国人民代表大会常务委员会第十六次会议通过，1995年10月30日中华人民共和国主席令第五十六号公布，自1996年3月1日起施行。

《中华人民共和国民用航空安全保卫条例》，1996年7月6日中华人民共和国国务院令第201号发布。

关于航空运输法规的一些条款内容见本书后面的附录三。

在航空专业的面试中有时会被问到诸如航空运输行李的尺寸、重量、禁运货物等方面的一些具体内容，如果还没有认真地了解过民航运输业的相关法规条文，对涉及这方面内容的相关问题显然是回答不上来的。

第三节
模拟机舱演练

模拟机舱演练是对平时在课堂学习课程的必要总结与检验，是从专业理论学习到上岗实践中间一次必要的现场服务表演。做好模拟机舱的每一步服务过程都是体验航空服务工作的一次收获。本节着重介绍模拟机舱演练的方法，面试中经常会用到的广播词示例，还有模拟机舱的餐饮示例及特殊餐食的提供及注意事项等内容。

一、模拟舱演练的必要性

在平时的课堂教学及各项基本操作的练习阶段，对专业课程的理论知识有了一定的累积与掌握，也做了一些基本的训练，很可能有些练习在课堂下也做过了无数次，但以上的内容和真正的实操还有差别。不和实物及场地结合，就不可以说自己已经学习了这个专业或者说是学好了航空服务，也不代表着自己就可以放心大胆地应对面试。若按需求情况来讲，要掌握具体的操作要领，只有通过真实的物体接触和专业运用，从中获得实际岗位上的真凭实感。所以现代航空服务专业的教学中，通常是采用模拟舱教学的方法，让学员们在模拟的客舱里进行对客服务的各项操作训练。图1-31为模拟教学演练机舱示意图。

图1-31　模拟教学演练机舱示意图

借助模拟舱进行专业演练是唯一可行的航空教学办法，毕竟不可能一开始就允许大家到真实的飞机上去体验和感受。模拟舱在航空专业的教学训练中起到了举足轻重的作用，一方面可以把以前在其他练习中难以琢磨透彻的东西，或不易掌握的动作、语言部分进行充分地化解和完善；另一方面能够在较为真实的场景中通过实操，看到个人的不足；再者在模拟舱中更容易找到真实角色中的自我，有别于平时。

另外，模拟机舱具有仿照真实机舱的部位结构和具体造型（包括前后舱门、厨房、卫生间、行李架、衣帽间、乘客座椅、乘务员座椅、控制面板、客舱广播和通话系统等）。一进入到模拟舱首先在心理上就会自然而然地迸发出工作中的真实情绪，神情和精力会更集中与投入，演练的实际效果会增加。有可能一开始会手忙脚乱，找不到个人与其他部位工作衔接的重心和方法，在教员或老师的带领与指导下，通过纠正与调整演练中的不规范动作和用语，经过多次的重复演练，各部位之间的操作协调性和配合度会大大地改进和提高。

二、模拟舱演练的方式

模拟舱演练参照了飞机航行中的客舱人员定制，一般5人一组，其中一名乘务长和四名乘务员。乘务长负责机舱广播和本乘务组人员的分工与管理；乘务员负责实施各阶段的乘务工作，包括客舱服务及安全工作，具体如引导乘客入座服务、协助乘客存放行李服务、提供报纸和杂志服务、提供冷热饮服务、餐食和特殊餐食服务、特殊乘客服务，保持客舱的整洁卫生等。机舱广播在对乘客的服务中显得尤其重要和关键，这是贯穿整个模拟演练中的一条线，乘务员按照广播的内容进行各部位的分工服务，乘客也可根据广播内容知晓当前的飞行状态和提供的服务环节，促使乘客和乘务员之间服务与被服务的良好配合。图1-32和图1-33为模拟机舱服务。

图1-32　模拟机舱服务（1）

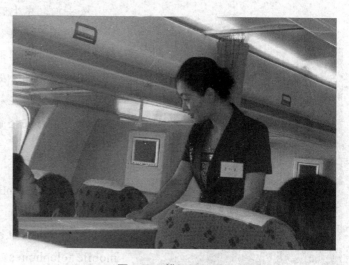

图1-33　模拟机舱服务（2）

在乘务教员或老师的具体指导下，通过对机舱乘客服务中的端、拿、倒、送、放、收、推、拉的八大步骤及应用技巧的实际操作和领悟，以及对客舱服务中的各部位分工与整体联系的每个环节中，把从课堂教学学习到的专业知识和实际操作相结合，亲身体会与感受空中对客服务的全过程，加强对客服务中的语言交流、肢体动作、面部表情、神态表现、协调把控、特殊服务、客航内各部位之间的连贯性、默契感、自觉性、衔接性等的具体实感和把控，践行航空服务中的标准化与规范化要求。模拟机舱实训演练是课程训练中的一个好项目，见图1-34。

图1-34 模拟机舱实训演练

三、模拟舱广播演练

1.模拟舱广播词示例（仅供参考），图1-35为模拟机舱广播图示。
（1）限制使用电子设备广播

图1-35 模拟机舱广播

女士们、先生们：

为防止干扰飞行通信和导航系统，请您在飞行全程中不要开启和使用以下电子设备：移动电话、调频收音机以及遥控装置等。其他电子设备，如手提电脑等请在起飞15分钟后使用，但必须在下降时"系好安全带"指示灯亮后关闭，以保证飞行安全。

谢谢合作

Ladies and Gentlemen：

Please note that certain electronic devices not be used on board at any time. These devices include mobile telephones, radios and remote-controlled equipment including toys. All other electronic devices including laptop computers and CD players must not be switched on until fifteen minutes after take-off, and must be switched off when "fasten seat belt" sign comes on for landing.

Thank you for your cooperation!

（2）客舱安全检查广播

女士们、先生们：

现在乘务员进行安全检查，请您协助我们收起您的小桌板、调直座椅靠背、打开遮光板、系好安全带。

本次航班为禁烟航班。在客舱和盥洗室中禁止吸烟。严禁损坏盥洗室的烟雾探测器。

谢谢

Ladies and Gentlemen：

In preparation for departure we ask that you take your seats, place your seat in the upright position and fasten your seat belt securely. We also ask that you stow your small table and open the window shade.

This is a non-smoking flight. Smoking is not permitted in the cabin or lavatories. Tampering with or destroying the lavatory smoke detector is prohibited.

Thank you!

（3）致欢迎词

女士们、先生们：

欢迎您乘坐中国国际航空公司CA1501次航班，由北京前往上海。由北京到上海的空中飞行距离为1160公里。预计空中飞行时间1小时25分钟，飞行高度9000米，飞行速度平均每小时800公里。

飞机正在滑行，很快就要起飞。请您在座位上坐好，系好安全带。请不要碰机上带有红色标志的应急设备。祝各位旅途愉快！

谢谢！

Good morning(afternoon), ladies and gentlemen：

Welcome aboard Air China Airlines flight CA1501，Beijing to Shanghai. The air distance between Beijing and Shanghai is 1160 kilometers. Flying time will be 1 hour and 25 minutes. We'll be flying at an altitude of 9000 meters and at the speed of 800 kilometers per hour.

We will be taking off immediately. Please make sure that your seat belt is securely fastened. Please don't touch the red marked emergency facilities.

Wish you have a pleasant journey!

Thank you!

（4）航线介绍广播

女士们、先生们：

我们的飞机已经离开北京前往上海。在这条航线上，我们将飞越的省份有：北京、河北、上海，飞越的城市有：北京、上海，河流有：黄河、长江，山脉有：泰山。

您现在乘坐的这架飞机是美国波音公司制造的波音737-800型客机，能够容纳169名旅客。在您座位上方备有阅读灯、通风孔以及呼唤铃。清洁袋在您座椅前面的口袋里，供您放置杂物以及呕吐时使用。洗手间位于客舱前部及尾部。当安全带指示灯亮时，洗手间暂停使用。

在这段旅途中，我们为您准备了正餐和饮料，供餐时，我们将广播通知您。

为确保旅途安全，请您在飞机滑行、起飞、降落和颠簸期间，在座位上坐好，系好安全带，飞机上禁止吸烟，不要开启行李架，以免行李滑落，砸伤其他旅客。多谢您的合作。

祝您旅途愉快，身体健康！

Ladies and Gentlemen：

Our plane has left Beijing for Shanghai. On this air route, we will be passing over the provinces of Beijing, Heber, Shanghai, the cities of Beijing, Shanghai, and we'll cross the Yellow River, Yangzi River, the Grant Canal and the Taishan Mountain.

This plane is a Boeing 737-800. It can carry 169 passengers. The reading light and call button are above your head. Toilets are located in the front and the rear part of the cabin. Please do not smoke in the toilets and cabin.

We'll be serving refreshments and beverages on this route.

For flight safety, please do not smoke and do not open the luggage compartment above your head during turbulence, taking off, taxiing, descending and landing.

（5）供餐广播

女士们、先生们：

现在我们准备为您提供正餐及饮料。请您放下小桌板，为方便其他旅客，请您调直座椅靠背。哪位乘客预订了特殊餐，请按呼唤铃与乘务员联系，餐后还将继续为您提供饮料，欢迎您选用。

谢谢！

Ladies and Gentlemen：

We will be serving lunch and beverages. Please put down the table in front of you. Seat backs should be returned to the upright position. Those passengers who requested special meals, please press your call button to identify yourself. You are welcome to take your choice.

Thank you!

（6）飞越河流及山脉介绍

女士们、先生们：

我们的飞机正在飞越黄河，黄河全长5464公里，流域面积75万平方公里。

谢谢！

Ladies and Gentlemen：

We are flying over the Yellow River has the total length of 5464 kms, and has a drainage area of 750 thousands square kms.

Thank you!

女士们、先生们：

现在我们的飞机正在飞越泰山，泰山位于山东省东部，最高峰玉皇顶海拔1545米。

谢谢！

Ladies and Gentlemen：

We are flying over the Taishan Mountain, Taishan Mountain locates in the east of Shandong province. The highest peak of Taishan Mountain is called Yuhuang Peak, which is 1545 meters high.

Thank you！

女士们、先生们：

我们的飞机正在飞越长江，长江是我国第一大河流，全长6380公里，流域面积180万平方公里。

谢谢！

Ladies and Gentlemen：

We are flying over the Yangzi River. Yangzi River is the longest river in China. It has the total length of 6380 kms and has the total drainage area of 1 million 800 thousands square kms.

Thank you！

（7）飞机下降广播

女士们、先生们：

本架飞机预计在20分钟后到达上海虹桥机场，现在飞机已经开始下降高度，请您收起小桌板，将座椅靠背调直，并请系好安全带，洗手间停止使用，坐在窗口边的旅客请将遮光板打开。

谢谢！

Ladies and Gentlemen：

We will be landing at Shanghai Hongqiao airport in about 20 minutes. Now we have started our descent, so please fasten your seat. Seat backs and tables should be returned to the upright position. Please do not use the toilets. For passengers sitting by the windows, would you mind drawing up the window shades.

Thank you！

（8）落地后广播

女士们、先生们：

本架飞机已经降落在上海虹桥机场，外面的温度为25摄氏度或78华氏度。由机场到市区28公里。飞机还将继续滑行，为了您及其他旅客的安全，请您先在原位坐好。等"系好安全带"灯熄灭后，再请您解开安全带，整理好全部手提行李准备下飞机。

在这段旅途中，对于您给予的大力支持与配合我们表示衷心感谢，并欢迎您再次乘坐中国国际航空公司班机。

各位旅客，下次旅途再会！

Ladies and Gentlemen :

We have just landed at Shanghai Hongqiao airport. The temperature is 25 degrees centigrade or 78 degrees Fahrenheit. The distance between the airport and downtown is 28 km. Please do not unfasten your seat before the "fasten seat belt" sing goes off. Please make sure to collect all your belongings before you disembark. Thank you for flying with Air China Airlines, and hope to have the pleasure of being with you again..

Thank you and goodbye!

2.念广播词要求

由于广播词的内容承载着对空中飞行的服务信息及飞机状况的及时通报与传达任务，是飞行员及乘务组与乘客之间的沟通桥梁与纽带，因此念广播词要有一定的讲究，具体如下：

①吐字清晰、流畅；

②中英文发音准确；

③语速正常，不能太快或太慢；

④不能有错别字或不当用词；

⑤语气甜美，柔和；

⑥掌握住抑扬顿挫和重点词句的读音。

这样乘务员通过广播发出的每一个声音都能到达乘客的耳朵里，让他们听清楚和听明白。绝不可像小学生念书那样，一张口一个声调全部念下来。

四、模拟舱饮料及供餐

1.模拟舱饮料及供餐示例（仅供参考）

图1-36至图1-38为模拟舱饮料及供餐示例图。

图1-36　模拟舱饮料

图1-37　模拟舱供餐（1）　　　　　图1-38　模拟舱供餐（2）

（1）模拟舱饮料

饮料种类分为无酒精饮料（Soft Drink）、茶（Tea）、咖啡（Coffee）等。其中无酒精饮料又包括矿泉水、果汁，茶包括红茶和花茶，还有各种不同风味的调制咖啡和各种带汽饮料。可乐里面含有咖啡因，不要主动为婴幼儿、神经衰弱者提供。

① 矿泉水（Mineralwater）

a.按气味分为淡和咸味两种；

b.按汽体分为有汽和无汽两种；

注：不要主动为旅客加冰。

② 果汁（Juice）

a.橙汁（Orange juice）

b.苹果汁（Apple juice）

c.菠萝汁（Pineapple juice）

d.芒果汁（Mango juice）

e.柠檬汁（Lemon juice）

f.梨汁（Pear juice）

g.桃汁（Peach juice）

h.椰汁（Coconut juice）

i.葡萄汁（Grape juice）

j.番茄汁（Tomato juice）

③ 红茶（Black tea）

a.一般为袋泡茶，先倒水再放茶。

b.沏好的红茶加入牛奶即为奶茶，加入柠檬片即为柠檬茶。

c.如客人要放糖，将糖送出，不要加入杯中。

d.并注意奶茶中不能加柠檬，易产生结块反应。

④ 花茶（Jessamine tea）

a.将一包花茶放入壶中，注入开水至五成，泡一会再注入开水至七成，送出即可。

b.花茶的冲泡次数不宜过多，两次为好，温度和浓度适宜。

注：孕妇、溃疡病人、动脉硬化、失眠、发烧者，不宜饮茶。

⑤咖啡（Coffee）

机上提供的一般为速溶咖啡，温度和浓度适宜。

a.加奶咖啡（White coffee）。

b.黑咖啡（Black coffee）：不加奶，伴侣和糖。

c.甜咖啡（Coffee With Sugar）：咖啡加糖。

d.冰咖啡（Iced coffee）：咖啡加冰。

（2）模拟舱供餐

供餐的种类分为正餐、早餐、快餐和点心等。其中要特别注意的是特殊餐食的提供，例如一些少数民族和有宗教信仰人士的供餐，以及婴幼儿的餐食供给等。

下面介绍几类特殊餐食的提供：

①素食（VGML/VEGETARIAN MEAL）

a.可食用　通常以植物类食物为主，例如蔬菜、水果、甜点、植物性奶油等。

b.不可食用　肉类、鱼类及任何动物类食品均不可食用，除非特别指明可食蛋类食品（VGML WITH EGG）。

②清真餐（穆斯林餐）（MOML/MOSLEM MEAL）

a.可食用　喜爱的食物有羊肉、牛肉、海鲜、蛋及蔬菜、米饭等。

b.不可食用　任何猪肉或猪肉的制成品，炒饭等禁止食用，饮料方面内含酒精成分的也禁止饮用。

③犹太餐（KSML/KOSHER MEAL）

a.可食用　一种包装密封的餐型，加温前由旅客亲自检查其完整性，盒装的热食加热后也由旅客本人打开食用。

可食用物品除猪肉以外的其他肉类，有鳞的鱼类，其他水果蔬菜、饮料无限制。

b.不可食用　不能用机上食物与餐具替代，禁止食用任何形式的猪肉及其制成品。

④印度教餐（HNML/HINDUS MEAL）

a.可食用　最喜欢的是咖喱羊肉或加香料的羊肉饭及一切素食。

b.不可食用　牛肉及牛肉制成品，熏猪肉、蛋、鱼绝对禁止食用，并且在送餐时禁止用左手，以免犯忌。

2.特殊餐食种类及代码

代码	英文名称及内容	中文名称及内容
AVML	ASIAN VEGETARIAN MEAL	亚洲素餐
VOML	VEGETARIAN ORIENTAL MEAL	东方素餐
INVG	INDIAN VEGETARIAN MEAL	印度素餐
VLML	VEGETARIAN LACTO-OVO MEAL	西式素餐

代码	英文名称及内容	中文名称及内容
VGML	VEGETARIAN MEAL(NON DAILY EGG)	素食（不含奶、蛋）
PRML	LOW PURIAN MEAL	低嘌呤餐
DBML	DIABETIC MEAL	糖尿病餐
LCML	LOW CALORIE MEAL	低卡路里餐
LFML	LOW CHOLESTEROL, LOW FAT	低油、低脂餐
LSML	LOW SODIUM, NO SALT	低盐、无盐餐
GFML	GLUTEN FREE MEAL	不含面筋餐
LPML	LOW PROTEIN MEAL	低蛋白质餐
NLML	NON LACTOSE MEAL	无乳糖餐
HNML	HINDU MEAL (NO BEEF)	印度教餐
MOML	MOSLEM MEAL	清真餐（穆斯林餐）
SFML	SEAFOOD MEAL	海鲜餐
CHML	CHILD MEAL	儿童餐
BBML	BABY MEAL (POST WEANING)1.2YEARS	婴儿餐（断奶）
RVML	RAW VEGETARIAN MEAL	生蔬果餐
BLML	BLAND MEAL	清淡餐
HFML	HIGH FIBER MEAL	高纤维餐
KSML	KOSHER MEAL	犹太餐
JPML	JAPANESE MEAL	日本餐

五、模拟舱演练中的要求

在模拟舱的实训演练中，要求努力做到四多：多练、多动、多看、多听。多练即一个环节内容进行重复练习；多动即开动脑筋，把规定动作做得人文细腻，而不是简单地走过场和形式主义；多看即是看其他人动作表现有哪些比自己做得好的地方或不尽如人意的地方，好的要学习，不正确的给指出来，相互帮助相互促进；多听就是每一次做好一个完整的模拟演练，出舱后，要认真听老师或教员的总结和评价，组员之间也要进行交流与讨论，找到在这一轮的模拟演练中谁做得规范到位，谁还要继续加油等。

无论个人将来要在航空公司哪个具体的岗位上工作，通过模拟舱的实战演练都可为今后的工作带来实际有效的帮助。当感受了空中飞行过程中的各种服务细节后，也就知道了什么是航空服务中的高标准、严要求，进而促使个人的内心再次确认航空工作那份由来已久的神圣与使命感。为乘坐本航空公司航班的每位乘客提供满意的服务，就是航空公司全部的工作宗旨，一切服务的落脚点最终都在乘客的身上，这也是航空公司工作的所有核心。所以要求在模拟空中飞行服务的演练中，一定要做到用心和专注，找到与平时不一样的真实触动感，这样对航空服务的意识就会提升得很快。

还要特别说明的是，有些航空公司在招聘面试中，会让面试者念一段英文广播词或者展示旅途中与乘客间的英语情景会话，以考评面试者的英语水准和口语表达能力，也包含考察面试者对空中服务流程的认知和理解度。还有为特殊旅客比如儿童、老人、孕妇、病人、残疾人、少数民族或其他有宗教信仰乘客等的服务（语言禁忌、餐食配制等）也要有所掌握。以上都要求在模拟舱的实练中好好把握住服务要领，跟着老师或教员的指导用心揣摩。

第四节
如何在面试中脱颖而出

在面试中常常会有这样的现象：看起来某个面试者各方面的条件都很入眼，但却未能通过面试；而某个人看起来条件并不突出，却能够顺利地过关斩将，一路笑到最终成功踏上航空工作岗位。所以航空面试中时常会有出乎意料的结果出现，尽管面试前个人如何急切地想通过面试及早地实现就业上岗，在未通过面试之前，都只能是一个美好的心愿而已。

本节主要内容是阐述如何把握航空面试机会，正确看待面试，不打无把握之仗。

一、把握好航空面试的机会

1.丢掉应付面试的心理

从我国现实的情况来看，能来读航空专业的人一般家庭的收入和经济条件都不错，个人的身材相貌也很好，总是会觉得自己将来有一大把的机会在那等着，不用着急地想工作，或者说不是空乘岗位上的工作就不去。由于这种自我怠慢的心念在作怪，学校或院系通知面试时，有些人就抱着应付的心理，走过场给老师看，反正自己是拿定了主意。其结果是别人都找到了满意的工作，自己挑三拣四，毕业后只好在家待业，却不知航空人才的选拔还有年龄的限制。自己不积极主动地和工作接近，等过了这个年龄段再有什么工作的想法也不现实，不仅浪费学业，也耽误了个人的发展理想。

机不可失，时不待人。因此，要把握住每一次的面试机会，对待面试不能有丝毫的应付心理。

空乘中的大姐大

在中国空乘服务史中，有这样一位曾经多次执行周恩来、邓小平、李先念等国家领导人和众多国外元首专机任务的大姐大人物梁秀荣女士。虽然如今的她年过花甲，早已是满载着事业的各种荣耀与光彩照人的空乘经历，头顶光环愉快退休，但所有见到过梁秀荣女士和与她交谈过的人都无不被她那英姿勃勃的气质与依然平和的心态所感动。

热情不减

或许是由于梁秀荣女士多次执行空中的特殊服务所养成的职业习惯，也或许是她在工作中历练成一种完美的职业素雅，和她在一起你会时时感受到一种被关爱中的开心与幸福。

退休后的梁秀荣对我国航空服务事业的发展依旧给予着自己的关心与爱护，不愿放弃对个人热爱与工作多年的航空事业的执著与奉献，不断地把以前工作的体会与心得不厌其烦地传授给新的航空服务学员们，以此见证着一个航空人的航空精神，她给予航空服务事业的伟大热情也在不断地感染着越来越多的航空人。

平常心态

修养幽雅、衣着得体的梁秀荣女士，尽管在行业中享有极高的尊荣与地位，但她却时时处处保持着一颗平常心。如果事先不认识、不了解她的人和她在一起，你感觉到的她就是一个有知识有素养的老太太。

如果有人想和梁秀荣女士谈她光荣的航空服务经历，特别是在国家领导人专机上的服务工作时，她总笑而不答，像是有意回避这个话题。可以看得出她不愿以此来炫耀自己，却喜欢和别人聊聊自己现在的平常生活，如何吃得健康，如何锻炼好身体，她的这份平常心态着实让人敬仰不已。

低调淡泊

假如用"低调淡泊"这四个字来形容梁秀荣女士，可以说再恰当不过了。因为她实在是太低调了，对名利淡泊得清澈见底，像是蓝天的白云飘然而过。

无论是哪个单位或者是哪个学校邀请梁秀荣女士去讲课，她所扮演的就是一个讲师的角色，认认真真地给学员们讲授专业知识和操作技巧，从不在课堂上讲一点自己的曾经经历，更不会说出半点的资历狂话。对于传授航空服务知识，教育航空专业服务人才，她所表现出来的超然自乐，却不是任何人都能达到的境地。

梁秀荣曾任中国航空运输协会客舱管理委员会秘书长，北京管理局第一飞行总队乘务大队副队长，中国国际航空公司培训部部长，中国国际航空公司战略规划研究员，长期从事中国航空乘务和管理工作，亲自参与并组建了中国国际航空公司乘务训练中心、飞行训练中心，并任国防培训部部长，多次执行周恩来、邓小平、李先念等国家领导人和众多国外元首专机任务，是我国民航乘务专家。

2.要用发展眼光看待航空工作

应该说，到航空公司工作是一个大的就业平台或优质的就业环境及氛围，包含有许多工作的现有岗位和日后潜在的发展机会，基于此，对航空公司的工作应有新的认识，不要一提到航空就是指空乘服务。空乘服务只是整个航空工作中的一部分，航空公司的所有工作岗位和工作人员都是一个有机运作中不可分割的完整体系。无论现在到哪个岗位上工作都是航空公司的工作人员，将来都有可能接受岗位或职务变迁的可能性。

不要一开始就和自己较劲，认定自己和岗位间的唯一性或确定性。实际上这是无法长期给自己确定岗位的，因为岗位分配权的决定者是航空公司，个人只有选择权。工作一段时间后，航空公司极有可能会根据本公司的实际情况和工作需要，综合考虑一个人的岗位工作能力和具体表现，进行岗位工作的调整或职务的升迁，所以面试航空工作还要看到未来的发展机会。

二、不打无准备之仗

1.面试要有好状态

对于参加航空面试者而言，都想把个人的最佳状态充分展现在面试官眼前，让这些能够代表个人优秀一面的元素，为自己的本场面试增光添彩，带来好运气。这也是每一个参加面试者的真实心理想法，当然这是可以理解的，也很正常。但面试退场后常常是感觉到失意的多，得意的少。并不是每个人都有一个理想和正常的面试状态，让自己和他人都认为满意，或受到想要的肯定。这是面试中的最大问题，不在正常状态下，就难有正常的发挥。

把控不住个人的正常面试状态，至少说明缺乏很好的心理素质训练，或者不了解面试程序造成的人为紧张和心理失衡。一旦在场上发觉自己有不在状态的感觉，心慌意乱、思想不集中、听不清楚面试官的讲话或提问，就要强制自己镇静，长出一口气，稍微地闭上眼睛沉一下心，立刻调整过来，说声"对不起，这个问题我没有听清楚，希望再重复一次"。绝不可跟着个人心里的感觉走，错过回答机会，大意失荆州。

2.面试要有创新发挥

在面试中，回答问题时要有个人的独到见解和创新发挥，不能干巴巴的只有骨头没有血肉，显得不够丰满。当然也不能为了丰满答案胡说八道，和所问问题一点也不挨边。答案内容创新一定要有根据和理由，这样才会让面试官感到信服，对其另眼相看。

 延伸阅读

航协高管讲用心

在航空教员学习的课堂上，中国航协副秘书长郝玉萍老师以自己多年来从事飞行服务的亲身实感，向大家讲述了一个个发生在她身边的真实故事，让人听得津津有味。

她讲解的航空服务可以用"四心"加以概括，那就是用心、良心、专心和开心。按照郝秘书长的话来讲，用心就是要思考，多找方法和点子；良心就是不能有损害别人的做事行为；专心可以理解为服务态度，要表里如一；开心是对个人工作的价值体现。其中"用心"最为重要，是做好服务、服务出水平来的工作基础。从中也不难总结出这样的精神：航空服务是一种高度的修炼和修养，从一开始就要树立这种"用心"意识，并且要贯穿于学习、求职和以后的工作中。

郝秘书长作为民航系统内的资深人士，曾与梁秀荣老师一起到日本接受空乘方面的专业训练，在工作的实践和提高中，从一名空乘服务人员经过个人的不断努力与追求，走上国家民航局的高层管理者岗位，再到今天中国民航协会副秘书长的位置上，并孜孜不倦地为人师表，想必也是她用心、专心的结果。

3.不打无准备之仗

尽管面试中的偶然现象会出乎意料地出现在面试的场景中，但必定只是极少数的现象，通常不能够代表大部分人面试的必然结果。一分耕耘一分收获，有备无患才能赢得超常的自我发挥，不打无准备之仗，同样适合于今天的航空面试中。面试前需要做好充分而细致地准备。在面试中任何抱有投机取巧的想法都是不现实的，也不客观。

面试不仅仅是在面试一份工作，更多的也是在面试一种理性的心态。基于这一点，建议不要盲目参加面试，更不要把面试看得过于随意。学习面试，懂得面试，做好面试准备是面试中脱颖而出成功取胜的关键之道。

准备也不仅仅只是心理的思想准备或行动上的训练，而是有条不紊的整个面试程序的准备。有关面试前的各种面试准备措施及方法，在本书的第二章会详尽地讲解与阐述。

（本章图1-17至图1-20、图1-32至图1-35由武汉商贸职业学院提供；图1-22至图1-24中指导老师为梁秀荣女士；图1-25至图1-27中表演者为北京超越联盟航空技术培训有限公司学员；图1-28至图1-30表演者为北京超越联盟航空技术培训有限公司及中关村学院学员）

❓ 思考练习题

1.航空面试的概念是什么？

2.航空面试有哪些深刻的现实意义？

3.如何正确理解和认识航空人才的发展？

4.阐述"功在平时"的客观道理？

5.让自己在面试中脱颖而出的关键在哪里？

第二章

航空面试的相关准备

 学习目标

- 了解面试的基本内容。
- 熟悉面试流程。
- 熟练掌握面试礼仪。
- 清楚自我介绍的方式和介绍内容安排。
- 对笔试题结构有所认识。

面试给公司和应聘者之间提供了进行双向交流的可行性与场所，面试人员和应聘者之间有一个更为直接与真实的互动了解，从而双方都可以更加准确地做出聘用与否、受聘与否的客观决定，这也就意味着双方的选择都较为理性。对于参加面试者来讲，想进一步增加被录用的概率，做好面试的基本准备至关重要。

　　本章重点阐述面试的常规内容和面试流程，简历的设计及要求，面试礼仪、面试形象，以及面试中的自我介绍，还有面试中笔试题的形式内容示例等，让面试者能更好地掌握这些基本内容的具体要求及其中的各种细节，做好面试前期的相关准备，自信地迎接面试。

第一节
航空面试基本流程

　　航空公司在面试前都有一整套的面试程序，哪先哪后，应该做什么，不应该做什么，这些必须事先有所清楚地了解，才能够知其然又知其所以然。针对面试流程和面试内容，做好准备，才可找到心中踏踏实实的面试感觉，而不会惊慌失措。若不敢参加面试，回避面试难题，将白白失去大好的面试机会。

　　本节着重从面试内容、面试流程以及面试的具体要求等内容进行翔实讲述。

一、了解面试的常规内容

　　对于航空公司而言，文字资料、笔试并不能反映出一个人的全貌。通过面试，与应聘者面谈之后再做出录用决定，是航空公司对于人才招聘所采用的必要做法。民用航空运输的最大特点是安全、快捷、舒适，而航空服务工作是体现这一特点的重要组成部分，它同时也是航空运输中直接面对乘客的窗口。航空服务人员的仪表形象、言谈举止、服务技能等不仅代表自身和航空公司，还代表着整个民航和国家的形象与尊严。因此面试在航空公司的地位尤为重要，航空公司通过面试选择符合航空公司要求的应聘者。航空公司面试的内容包括以下几点。

1.仪表形象

　　这是指应聘者的体型、外貌、气色、衣着举止、精神状态等。航空公司要求应聘者体型优美、外貌端庄、衣着举止得体。因为研究表明，一个仪表端庄、举止得体的人，一般都会注意自我约束，并且做事有规律、责任心强。

2.表达能力

　　这是指面试中应聘者是否能够将自己的思想、观点、意见或建议顺畅地用语言表达出来。通过面试，航空公司主要是考查应聘者的音质、音色、音量、音调，准确表达的逻辑性、准确度等。

3.应变能力

主要看应聘者对面试考官所提出的问题理解的准确性，回答的迅速性等。对于突发问题和事件的反应是否机智敏捷、回答恰当。对于意外事件的处理是否得当、妥当等。

4.综合分析能力

面试中，应聘者是否能对主考官所提出的问题，通过分析抓住本质，并且说理透彻、分析全面、条理清晰。

5.团队协作能力

这是强调应聘者是否有与他人合作的精神，是否有理解他人并互相尊重的素质、健康的竞争理念，在群体中是领导者还是服从者。随着航空公司各种知识、技术不断推陈出新，人们在工作学习中所面临的情况和环境极其复杂。在很多情况下，单靠个人能力已很难完全处理各种错综复杂的问题并采取切实高效的行动。因此要求组织成员之间进一步相互依靠、相互关联、共同合作，建立合作团队来解决错综复杂的问题，并进行必要的行动协调，依靠团队合作的力量创造奇迹。航空公司不仅强调个人的工作能力，更强调与他人合作的团队意识。

二、熟悉面试的基本流程

航空公司招聘面试学员，按照中国民用航空局颁布的《中国民用航空人员医学标准和体检合格证管理规则（CCAR67FS）》及公司的岗位设定，选拔录用符合岗位需求的人员，已经形成一套相对规则的面试程序。航空面试的一般流程为：形象初选、英语口语测试、综合复试、应答、心理素质测评、终审面试、审查体检等。航空公司不同面试形式及内容也各有所异，基本包括以下程序。

1.形象初试

参加初试时，应聘人员首先要带好个人简历或在报名面试点填写面试报名表（网上报名或微信报名的也要打印好报名资料），并按要求准备好合适的照片及相关的证件原件及复印件。一般初试的主要内容会包括应聘人员的自我介绍、形体检查等，进行初步的筛选。

（1）身体测量及中英文自我介绍

初试第一步就是先收取面试人员的相关资料，然后按先后顺序测量应聘者的身高、体重，身高体重合格的应聘者会发一个面试编号，然后10人一组进行面试。

进入面试现场后，面试考官会让每个应聘人员分别用中英文自我介绍，介绍的内容主要包括个人姓名、身高、体重、特长、爱好、英语等级水平等。其实这些资料面试官手里都有，这一轮主要是考查应聘人员的仪表形象和语言表达能力。通过这一轮的可以进入到下一轮面试，否则会被淘汰。

应聘者要注意的是：若是航空公司要求用中英文填写资料的，千万不能马虎；自我介绍的中英文示例将在本章的第五节作详细介绍；面试报名登记表见本书附录一。

（2）形体检查

形体检查主要是检查应聘人员的视力（有无色盲、色弱等情况）、听力、脊柱（挺拔与否）、腿部（有无"X"形、"O"形、八字形）、裸露部位（有无明显疤痕），有无口臭、狐臭、皮肤病等。对视力的要求男生要比女生严格，因为男生常常会兼任空保一职，所以要求视力在C字视力表0.7（含）以上，要关注视力的保护。在这一轮面试中，会当场出结果。

2.英语口语测试

通过初试的应聘人员，进入到英语口语测试环节。英语口语测试的内容一般包括英语对话及读英文广播词等，这一轮面试主要是考查应聘人员的英文听、说、读的能力。有的航空公司则把这个环节放在综合笔试后，而有些航空公司则放在综合笔试前。但都使用淘汰机制，适合招聘公司需求的应聘者通过，进入到下一轮面试环节。

关于英语对话及英文广播词内容部分在本书的第一章和第三章中有详细的解读。

3.综合复试

综合复试，一般会采取笔试答题及情景模拟等形式对应聘人员进行有目的的考核。

（1）笔试题测试

笔试的内客一般包括专业、英语、时事政治、语文、数学、历史、地理等。笔试结束后，航空公司的工作人员会以短信或电话的方式通知应聘者是否合格，并告知下次面试的时间和地点。有些航空公司在笔试淘汰一部分应聘者后，还会增加心理测试环节，有时对男生还会增加一项体能测试。

关于笔试的示例题及笔试注意事项将在本章的第六节中详尽地讲解。

（2）情景模拟

情景模拟是指通过考试的应聘者，在这轮考试当中，被随机的分成几组，一般是六到十个应聘者为一组，进行话题讨论。考官给出一到几个问题，让应聘者在一定的时间内（一般一个小时左右），在既定的背景下或围绕给定的问题展开讨论并解决这个问题，来检查应聘者的组织协调能力、口头表达能力、辩论能力、说服能力、情绪稳定性、处理人际关系的技巧、非语言沟通能力（如面部表情、身体姿势、语调、语速和手势等）等方面的能力、素质和个性特点是否到达用人岗位的相关要求，由此来综合评价考生之间的优劣。通过这轮考试的应聘者进入终审面试。

（3）男生体能测试

考虑到男生有时会兼任空中保卫职务，所以有的航空公司还要对男生进行体能测试项目。测试内容包含有单杠、双杠、折返跑、3000米等。一般测评标准为：单杠4个、双杠7个、5×10米折返55秒（含）、3000米跑17分（含）等。

4.应答及心理素质测评

（1）问题答疑

问题答疑通常是航空公司考察应聘人员涉及应聘职位的各方面素质，包括应变能力、观察能力、耐心、责任心、奉献精神、专业素养等，对所应聘职位的真实理解和认识深度。而这类题目回答时灵活性较大，基本上没有固定的标准答案，只能根据每个应聘者的个人情况进行回答，所以平时的用心积累相当重要。正所谓"养兵千日，用在一时"。

关于问题的答疑在本书的第三章及第四章都有翔实的解读。

（2）心理素质测评

在面试时，有些航空公司会有心理素质测试项目。一般都会采用提问测试，这种方法比较常用，但也可能会有题目测试，招飞行员时还可能涉及仪器测试。应聘者对问题的反应要灵敏快速，理解力强。这个环节主要是考查应聘者的心理状态、性格特征、情绪稳定性等，所以较强的心理素质无疑会给航空面试助力。

只要应聘者事先有所准备，也不要过于担心这个环节。对于航空人员来说，不仅要求在形象、气质、专业文化等方面符合招聘条件，还要有良好的服务意识、职业潜力、心理承受能力与处理突发事件的果敢、表现力等素养。

5.终审面试及体检

对于以上环节通过的应聘人员，进入到终审面试及体检环节，这看起来无关轻重，但也不可掉以轻心。终审面试是与领导面对面的一次直接交流机会，因此事先要有所准备，比如了解航空公司的一些发展状况，过往业绩等，还要对个人抱有自信心。

（1）终审面试

终审面试是指应聘者跟公司领导的一次面谈。面试包括做简单的自我介绍，选择这个行业的原因等。在此次面试的过程当中应聘者因为要跟公司的领导进行沟通交流，所以要保持良好的信心。

（2）体检

再次体检跟第一次的体检有所不同，这一次的体检更严格，对于应聘者身体的各方面都要检查，一般都是在指定的医院进行检查。通过这轮面试的应聘者进入最后的政治审查阶段。

6.政治审查

政治审查简称政审，主要考查应聘者是否思想进步、品德优良、作风正派，是否有较强的组织纪律性和法制观念。一般有下列情形之一的，属政审不合格：有反对四项基本原则言行的；有流氓、偷窃等不良行为，道德品质不好的；有犯罪嫌疑尚未查清的；直系血亲或对本人有较大影响的旁系血亲在境外、国内从事危害我国国家安全活动，本人与其划不清界限的；直系血亲中或对本人有较大影响的旁系血亲中有被判处死刑或者正在服刑的。通过政治审查的应聘者就可以被航空公司所录用了。

了解面试的基本内容和流程，可以帮助个人做好应对面试的各种准备工作，而面试准备则是保证面试成功的基础环节，必不可缺少。所以要求一定要先弄清楚这一点，然后才能说自己去做或者说已经做好了面试准备，这样面试准备的话就不会是句摆设的空话。

第二节
个人简历的设计

有的航空公司招聘只填表不要求投简历，有的公司直接在网上填写个人详细的简历信息就可，有的航空公司则需要事前收集面试者的简历，进行必要筛选。但是对于毕业生或求职者来说，关注简历的设计与制作也是十分必要的。因为一份内容丰富的简历是应聘者的第一手资料，而且各种信息比较齐全，易于了解。简历对于今天的人们来说已经是司空见惯的求职应聘的重要工具之一，一般的求职者大都是通过投放个人简历来达到应聘工作的目的。相对而言，制作简历，或者说简历如何设计才能具有吸引力，成为了简历制作的关键要素。

本节重点讲述简历的基本制作要求、制作内容和制作的技巧等细节。

一、简历的重要性

简历，就是对个人学历、经历、特长、爱好及其他有关情况所作的简明扼要的书面介绍。简历是个人形象，包括资历与能力的书面表述，对于应聘者而言，是必不可少的一种应用文。航空公司在发出招聘公告之后，一般情况下首先就是收集应聘者的简历，根据简历来选择面试人员，确立面试名单。航空公司由于行业的特殊性，每次招聘空中乘务人员的时候，都有大批的求职者前来应聘，如何让自己的简历在众多的应聘者中脱颖而出，让用人单位选中，一份制作新颖的简历对应聘者来说十分重要。

二、简历的制作要求

在制作简历的过程中求职者应该明白，简历指的是简单的个人经历。简并不意味着省略，指的是简历的内容简洁、易懂。因为任何一家公司的招聘者一般都要面对众多简历，不可能都仔细阅读。因此求职者在制作简历的时候，要突出一个简字。现今网络上有很多的简历模板，可供求职者在制作简历的过程中进行参考，求职者也可以根据自己的需要，制作适合自己的简历。但是不管是哪种类型的简历，在制作过程中，都包含以下几点内容：准确的个人文字介绍、微笑大方的着装彩照、齐全整洁的证书资料、新颖创意的简历封面等。

1.准确的个人介绍文字

任何单位在招聘员工的时候都是通过简历来首先了解应聘者的个人情况，航空公司也不例外，因此准确的个人文字介绍可以让航空公司全面了解应聘者。个人文字介绍的内容包括：

（1）个人的基本情况

个人基本情况主要包括应聘者的姓名、年龄、身高、体重、视力情况等基本信息。应聘者在填写个人基本情况时要如实写出，这些基本情况不需要加工，也不可以加工。因为航空公司在面试的时候，还会对应聘者的身高、体重和视力等进行重新的测量。如果简历上的信息和航空公司测量的信息不符合，应聘者会给用人公司留下不良的印象，甚至影响到录用。

（2）个人的学习经历

这主要是应聘者对自己学习经历的描述，其目的是让航空公司能清楚地知道应聘者从小到大所就读的学校，到大学后所学习的专业，取得的学历，在大学期间是否学习第二专业，是否参加过其他的培训（比如职业资格考试培训）等。

（3）个人的工作经历

个人的工作经历是指应聘者参加工作后的主要工作历程。它是供人事部门行使录用和任免权的参考依据之一。一般可按本人经历的不同时期分职务填写，也可按其所担任的职务分时期填写。对于没有毕业的应聘者而言，一般没有工作经历，但是可以写上在学校读书期间的社会实践经历，比如曾经在机场实习、做过礼仪工作、参加过促销活动等。这些经历可以帮助应聘者争取到胜出的机会。个人工作经历没有必要一一写出，主要选择一些和求职者所应聘的职位相关的工作经历就够。所谓言多必失，有时候反而会让自己处于尴尬的境地，这种情形在面试中是经常出现的。

2. 微笑大方的着装彩照

当个人简历具有"能否有第一次面试机会"的决定权时，个人简历上的细节部分也被格外重视起来。比如小小一张照片，几乎成了应聘者求职的开端。航空公司通过应聘者个人简历照片来了解应聘者的长相气质是否与工作岗位相贴切。简历照片就是应聘者的门面，所以设计好简历照片对于应聘者非常重要。

（1）个人简历照片的要求

① 简历照片一定要用标准的证件照，最好是一寸的，蓝底或红底，不能使用白底照片。使用标准证件照，一是显示对面试官的尊重，二是表达对工作的重视。

② 简历照片一定要清楚，背景简单，妆容简单大方，不要过度修饰打扮、浓妆艳抹。一是让人感觉不庄重，二是如果反差太大，会产生欺骗的感觉，对于应聘者来说得不偿失。

③ 有些应聘者会使用电子简历，在电子简历中插入电子照片时，贴照片的长方形框最好和照片大小吻合，居中放置。如果不吻合，一定要将照片同比例缩放，但不能缩放的过大或过小，否则容易变形或失真，失去了美观。

（2）拍摄个人简历照片的小技巧

① 照片一定要是近照。所谓近照，是指近期拍摄的照片，太长久的照片可能和应聘者本身不太相符。使用近照是因为招聘单位希望照片能与现在的自己尽量吻合，毕竟照片和人还是有一定差距的。一年前的照片，和现在的本人肯定有较大的差距。

② 照片尽量与自己的气质相符。这要求应聘者拍摄照片时的着装打扮要与自身的形象气质相符，不要有太大差距。一般拍照时女性最好化个淡妆，男性要剃胡须，保持面部的干净整洁。

③ 整洁的发型很重要，避免蓬头垢面。拍照时女性最好把头发梳起来，后面用发网固定住头发，男性的头发梳理整齐。

④ 服装尽量挺括，不要皱痕明显。一般情况下拍摄一寸照片基本上看不见拍照人的服饰，但是同样也要保持服装的挺括，细节决定成败。

⑤ 精神焕发，不要萎靡不振。

⑥ 面带微笑，微笑能拉近应聘者与面试考官的距离。

3.齐全整洁的证书资料

证书是由机关、学校、团体等发的证明资格或权力的文件，它是求职者在应聘时提供给用人单位的学习工作经历证明。虽然说任何一家航空公司，看中的都是应聘者的能力，而不是学历或者各类证书，但是这些证书资料却是应聘者进入航空公司的敲门砖。大部分航空公司在发布招聘公告时都会对应聘者有相关的要求，比如学历要求、英语等级要求等。只有符合相关要求的应聘者才能进入面试关。证书资料包括：大学英语等级证书、计算机等级证书、学校证书、第二外语证书、竞赛获奖证书等。

（1）大学英语等级证书

大学英语等级证书是指大学英语三级证书、大学英语四级证书、大学英语六级证书等。大学英语等级证书是应聘者英语能力的体现，它让航空公司从侧面了解应聘者英语听说读写能力。因此在简历当中应如实写出，对于任何一家航空公司来说，在同等条件之下，优先录取英语等级高的应聘者。应聘者应该清楚地知道英语水平对于航空公司的重要性。如果应聘者英语口语非常流利，同样可以获得航空公司的青睐。

（2）计算机等级证书

计算机等级证书包括省级计算机等级证书和全国计算机等级证书。计算机等级证书是用来了解应聘者对计算机操作和软件应用的实际掌握能力。

（3）学校证书

学校证书包括奖学金证书、三好学生、优秀毕业生、优秀学生干部等。奖学金证书非常重要，可以了解应聘者在学校学习过程当中，是否认真努力，从奖学金证书当中就能看到。优秀学生干部证书，说明应聘者在学校学习期间，积极参与班级及学校的各项活动，是应聘者组织协调能力的具体体现。

（4）第二外语证书

第二外语证书是指除英语之外的其他国家的语言。如果拥有第二外语证书，可以大大增加应聘者进入航空公司的机会。

（5）竞赛获奖证书

竞赛获奖证书是指应聘者在大学期间参加各类竞赛所获得的证书，比如辩论赛、英语演讲比赛、模特大赛等。

（6）毕业证、学位证、第二学位

这是最重要的证书，存在三点区别，一是名牌院校和普通院校的区别；二是专业的区别；三是专科、本科、研究生的区别。专业背景是航空公司最看重的，很多职位只给限定专业毕业同学面试机会。具有第二学位，跨学科辅修某些专业，使自己成为复合型人才，也是很多公司所看重的。

通过以上证书可以让航空公司从侧面了解应聘者的能力，了解应聘者在大学期间是否认真学习，了解应聘者是否有一种追求上进、不甘平凡的生活态度。

应聘者在制作简历时，要把以上相关的证书按简历的规格大小进行复印，贴在简历当中，切记证书的复印件不应大于简历的纸张。当然证书原件也应一同携带，以便航空公司相关工作人员检验。

面试资料检查

1.简历制作完成后要对内容的完整性进行检查。比如简历中有无不满意或需要添加与整改的地方，特别是自我简介部位，有无错别字和不通顺的语句等，都要仔细查看和核实，有涂抹或不清楚的地方若条件允许最好要重换一张清楚的，内附的证书、证明材料复印件或原件若有遗漏及缺失要及时补充等，根据简历原来设计时的结构布局及要求进行一项一项的查阅，直到最终的结果得以确认，避免由于简历内容不完整或书写不规范等原因给自身造成不利影响。

2.证书、证件的检查。主要是确认所带证书、证件的齐全性，比如自己的身份证、毕业证、成绩单、获奖证书、社团任职证件、资质性的合格证等一些有助于求职的各种证件、证书，最好事先列个清单，逐项查验，确认无误，以免漏带或丢失。

4.新颖创意的简历封面

（1）简历封面的重要性

图2-1至图2-3为简历封面参考示例。

① 作为外在的表现形式，应聘者的简历封面就是应聘者的门面，它折射出应聘者内在的喜好和素养。

② 在众多简历当中，设计出色的简历封面，会格外引起面试考官的关注。

③ 优秀的简历封面会带给求职人很大的自信心。这点是绝对物超所值的，试想一下，当自己衣冠楚楚却拿着一份寒酸的简历，是多么的不和谐。更糟的是，当看到别人举着精雅别致的简历时，对自己的自信心会造成多大的打击。

④ 对于毕业数年的应聘者，工作经历非常重要，

图2-1 简历封面参考示例（1）

简历封面的作用就会减弱。可是，对于一个刚毕业的应聘者来说，粗糙不堪的简历，会让招聘者感到求职者做事不认真。因此，简历封面的作用性就可见一斑了。

（2）个人简历封面制作技巧

学校名称、专业名称、学历、姓名、性别，这是通过简历简单掌握一个人基本情况的要素，因此，求职简历的封面应当含有这些内容。按照人们长期形成的快速阅读习惯，文件（或文件中的某一段落）的头和尾通常是阅读的焦点，因此在这两部分务必要体现最为重要的信息。一旦被用人单位选中，如何与其取得联系就成为了主要的问题。所以，在整份简历的一头一尾（或头或尾）务必将本人的联系方式突出。以下是简历封面制作方法。

图2-2　简历封面参考示例（2）

① 好的简历封面设计要有自己的特色，不能太大众化。

② 简历制作封面尽量内容简单明了，重要信息突出，比如自己的学校非常著名，那就可以在简历封面显要的位置写上自己学校的校名，或者放上学校的校徽等。也可以使用一些有创意的简历封面图。但对于大多数人而言，自己设计简历封面图有些困难，可以通过网络，参考其他人的设计。

③ 简历制作封面的时候，应先参考别人的简历封面，同时还要加以修改，突出自己的特点，这就会是一份好的个人简历封面了。

5.让简历传达美好心愿

简历首要的作用是推销自己，它帮助应聘者传递相关信息给招聘单位。传递的信息包括应聘者能做什么，

图2-3　简历封面参考示例（3）

曾经做过什么，适合什么样的岗位，它是协助应聘者在竞争中脱颖而出的武器，是应聘者打开通向面试大门的钥匙，因此不要错过任何一个展现自己的机会。

简历传达的是份美好的心愿，它表明应聘者对所应聘职位的兴趣及能力。因此在制作简历时应注意简历的目的是获得面试，要突出自身的优点，把自己的具体情况和应聘的岗位有机结合起来，让所有的创新都为应聘者服务。

三、简历中的自荐信

1.自荐信的作用

对于写自荐信这一部分内容，大多数人都容易忽略，觉得没有什么必要。其实，写了说不定就会对求职者有很好的帮助。最起码，写封自荐信会多增加一道介绍和推荐自己的成分在里面，引起航空公司的重视。如果这封信态度诚恳，表达又清晰，足以证明求职者对于这份工作的向往和渴望。如果求职者的条件确实又好，必然会优先考虑被录用。

2. 自荐信示例

尊敬的领导：

您好！首先感谢您在百忙之中能抽出时间来阅读我的自荐信！为一位满腔热情的大学生开启一扇希望之门。

我叫××，是××大学（学院）空中乘务专业××届毕业生。我很荣幸有机会为您呈上我的个人资料。在投身社会之际，为了更好地发挥自己的才能，谨向各位领导作一下自我推荐。

我的性格活泼开朗，是个不服输的人。三年前，我带着美好的憧憬走进了大学的校园，我刻苦学习，力求向上，一直凭着"没有最好，只有更好"的准则为之奋斗，掌握了所有与空乘相关的专业知识，在学有余力的情况下，我还利用课余时间广泛涉猎了大量书籍，不断地充实完善自己，养成了端正的学习态度，培养了朴实、稳重的性格特点。

现在，我以满腔的热情准备投身社会这个大熔炉中，我知道在未来的道路上还存在很多艰难困苦，但我相信通过在大学期间所掌握和获取的知识与技能以及我对生活的热爱能使我战胜它们！我要在新的起点、新的层次上，以新的姿态展现新的风貌和热情。面对当今激烈的社会竞争，我自知理论知识有限，但我相信我有着不甘落后和不断学习的毅力，有对事业的热情与执著，更有一颗真挚的心和拼搏进取的决心，这些会让我不断进步和取得成功。

希望贵公司能给我一个发展的平台，我会好好珍惜并全力以赴，为实现自己的人生价值而奋斗，为贵公司的发展贡献力量。"吃得苦中苦，方为人上人"，我相信我一定会是尽责的员工。

最后，再次感谢您阅读我的自荐信。祝贵公司事业欣欣向荣，业绩蒸蒸日上！也祝您身体健康，万事如意！

此致

敬礼！

自荐人：×××

求职简历相当于应聘者的一张名片，从求职者设计的简历上不仅能够尽快地了解到求职者的学历、能力、爱好、特长和兴趣，还可以了解求职者的文笔、语言组织水平，甚至也能看出求职者的性格特点和内心意愿。所以一张简历就是求职者自身的一个真实缩影，写自荐信尤其要用心。

<h1 style="text-align:center">第三节
航空面试的礼仪</h1>

如果把面试过程当作烹饪一道大餐来看待，面试礼仪就相当于这道菜中的出味佐料，做菜离不开佐料，同样面试也少不了面试礼仪。掌握好了面试礼仪的分寸，在面试中就能起到无声胜有声的面试效果，为求职者的面试增添光彩。

一、保持自然微笑状态

微笑是一种令人感觉愉快的面部表情，它可以缩短人与人之间的心理距离，为深入沟通与交往创造温馨和谐的气氛。航空公司是服务行业，微笑服务是航空公司对空乘人员最基本的要求。因此，在面试时，航空公司的面试考官同样也会要求应聘者有自然真诚的微笑，自然真诚的微笑更可以为应聘者的面试加分。

1.面试微笑的重要性

（1）微笑有助于表现应聘者的良好心态

面露平和欢愉的微笑，说明心理愉快，充实满足，乐观向上，善待人生，这样的人才会产生吸引别人的魅力。

（2）微笑有助于展现应聘者的自信

面带微笑，表明应聘者对自己的能力有充分的信心，以不卑不亢的态度面对面试考官，可以使人产生信任感，容易被人接受。

（3）微笑有助于表现应聘者真诚友善的态度

微笑反映自己的心底坦荡，善良友好，待人真心实意，而非虚情假意，使人与其交往中自然轻松，不知不觉地缩短了心理距离。

（4）微笑有助于表现应聘者乐业敬业

面试考官会认为应聘者在工作岗位上保持微笑说明此人热爱本职工作，恪尽职守。微笑能够创造和谐融洽的气氛，让服务对象倍感愉快和温馨。

总之，真正的微笑是发自内心的，表里如一的。笑容是所有身体的语言中最直接的一种，应好好利用。空姐最重要的标准之一就是："将你完美的微笑留给乘飞机的每一位旅客。"

2.面试微笑的标准

① 面部表情和蔼可亲，伴随微笑自然地露出6～8颗牙齿，嘴角微微上翘；微笑注重"微"字，笑的幅度不宜过大。

② 微笑时真诚、甜美、亲切、善意、充满爱心。

③ 口眼结合，嘴唇、眼神含笑。

3.微笑训练

自然真诚的微笑可以在日常练习中获得。在微笑训练过程当中，必须做到口、鼻、眼、眉、肌的有机结合，才能真笑。

（1）对镜微笑训练法

这是一种常见、有效和最具形象趣味的训练方法。对着镜子，开始微笑，如此反复多次。

（2）情绪诱导法

情绪诱导是设法寻求外界的诱导、刺激，以求引起情绪的愉悦和兴奋，从而唤起微笑的方法。比如，可以回忆过去美好的事情、听轻松的音乐、听搞笑的相声等。

（3）含箸法

选择一根干净的圆柱形筷子横放在嘴中，用牙齿轻轻咬住，以观察微笑状态。但此法不易显示与观察双唇轻闭时的微笑状态。

（4）当众练习法

在众人面前讲话，讲话时注意自己的笑容，并请同伴给予评议，帮助矫正。

延伸阅读

学会微笑

微笑是天使。学员们在日常行为中不要吝啬自己的微笑，常保微笑状态，这是起码的专业觉悟。如果做到了微笑在先，语言跟随，甜美的一声"您好"，相信无论你身处何处，都会让所有听者和观者的心里很甜美。

同样的道理，当你站在面试官眼前时，你自然大方的笑容姿态立刻就会压倒那些刻意装出的咧嘴状队员。因为航空服务就是微笑服务，没有微笑的习惯和想笑的心理，很难做好以后的服务工作，微笑是航空公司选拔人员面试时的一项硬性指标。

希望通过本节内容的学习让你有一张灿烂的笑脸，迎接面试的喜悦。

二、站坐有度，气质优雅

1.站姿

站姿是一个人站立的姿势，它是人们平时所采用的一种静态的身体造型，同时又是其他动态身体造型的基础和起点。常言道："站如松，坐如钟"，这是中国传统的有关形象的标准。人们在描述一个人生机勃勃充满活力的时候，经常使用"身姿挺拔"这类词语。站姿是衡量一个人外表乃至精神的重要标准。优美的站姿是保持良好体型的秘诀。从一个人的站姿，人们可以看出他的精神状态、品质和修养及健康状况。

（1）站姿标准

图2-4和图2-5分别为女性、男性站姿礼仪。

图2-4　女性站姿礼仪　　　　　　　　　图2-5　男性站姿礼仪

①头正　两眼平视前方，嘴微闭，收颌梗颈，表情自然，稍带微笑。

②肩平　两肩平正，微微放松，稍向后下沉。

③臂垂　女性站立时，两臂放松，自然下垂，双手交叉放于肚脐位置上（女性四指并拢，虎口张开，将右手搭在左手上，拇指叉开）。男性站立时两肩平整，两臂自然下垂，中指对准裤缝。

④躯挺　胸部挺起、腹部往里收，腰部正直，臀部向内向上收紧。

注意：女性站立时，两脚跟相靠，成"V"字形，脚尖展开45°～60°，身体重心主要支撑于脚掌、脚弓之上。男性站立时，双脚分开，与肩同宽。

（2）站姿练习

好的站姿能通过学习和训练而获得。利用每天空闲的时间练习20分钟左右，效果将会非常明显。

①贴墙直立　背着墙站直，全身背部紧贴墙壁，然后后脑勺、双肩、臀部、小腿及脚后跟与墙壁紧贴，这样做的目的是让头、肩、臀、腿之间纵向连成直线。

②头顶书本　也就是把书放在头顶上行走，不要让它掉下来。那么人会很自然地挺直脖子，收紧下巴，挺胸挺腰。

要拥有优美的站姿，就必须养成良好的习惯，长期坚持。站姿优美，身体才会得到舒展，有助于健康；若看起来有精神、有气质，那么别人能感觉到自己的自重和对别人的尊重；优美的站姿容易引起别人的注意和好感，有利于接待客人时给人留下美好的印象。

2. 坐姿

坐的姿势，一般称为坐姿。它指的是，人在就座以后身体所保持的一种姿势。坐姿是体态美的主要内容之一。对坐姿的要求是"坐如钟"，即坐相要像钟那样端正稳重。端正优美的坐姿，会给人以文雅稳重、自然大方的美感。

（1）坐姿标准

图2-6和图2-7分别为女生和男生坐姿礼仪。

图2-6　女生坐姿礼仪　　　　　　　　　图2-7　男生坐姿礼仪

① 入座时要轻、稳、缓　走到座位前，从座位的左侧入座，转身后把右脚后退半步，然后轻稳地坐下，再把右脚与左脚并齐，坐在椅上。如果椅子位置不合适，需要挪动椅子的位置，应当先把椅子移至欲就座处，然后入座。女性如果是穿着裙装，应在坐下之前用手将裙子稍稍整理一下，不要坐下后再拉拽衣裙，那样动作不优雅。

② 坐在椅上时　上体自然挺直，头正；表情自然亲切，目光柔和平视，嘴微闭；两肩打开，微微下沉；两臂自然弯曲放在膝上，也可以放在椅子或沙发扶手上，掌心向下；两脚平落地面。起身时，右脚先向后退半步然后站起，从座位的左侧离开。

③ 就座时　男性两腿之间可有一拳的距离，女性两腿并拢无空隙。两腿自然弯曲，两脚平落地面，不宜前伸。

就座时，一般应坐在椅子的三分之二，不可坐满椅子，也不要坐在椅子边上过分前倾；如果是坐沙发，应坐在沙发的二分之一处。

如果是侧坐，应该上半身与腿同时转向一侧，面部仍是正对正前方，双肩保持平衡。

（2）坐姿练习

① 入座时动作要轻而稳。

② 在高低不同的椅子、沙发上练习坐姿。

③ 女性可以用一张小纸片夹在双膝间，做到起坐时不掉下。

女士入座后，腿位与脚位的放置有所讲究，以下三种坐姿可供参考：

a.双腿垂直式　小腿垂直于地面，左脚跟靠定于右脚内侧的中部，双脚之间形成45°左右的夹角，但双脚的脚跟和双膝都应并拢在一起。这种坐姿给人以诚恳的印象。

b.双腿斜放式　双腿并拢后，双脚同时向右侧或左侧斜放，并与地面形成45°左右的夹角，适用于较低的座椅。

c.双腿叠放式　双膝并拢，小腿前后交叉叠放在一起，自上而下不分开，脚尖不宜跷起。双脚的置放视座椅高矮而定，可以垂放，亦可与地面呈45°角斜放。采用此种坐姿，切勿双手抱膝，穿超短裙者宜慎用。

三、语言平和彬彬有礼

在与面试考官进行交流时，要与考官有恰当的眼神接触，给主考官诚恳、认真的印象。不要紧张，保持自信和自然的笑容，一方面可以帮助自己放松心情，令面试的气氛变得更融洽愉快；另一方面，可令考官认为面试者充满自信，能面对压力。

1.语音标准

语音标准是指应聘者的发音要标准、规范，吐词清晰，不能含糊不清，甚至发错音，念错字。注意声母、韵母发音，不能带有明显的方言语调。语音标准就是要让面试考官能够很容易听清楚自己所说的话。航空公司属于服务业，空乘人员直接面对乘客服务，因此流利标准的普通话是航空公司对应聘者最基本的要求。

2.音量适度

面试时声音过高令人厌烦，声音过低则难以听清楚，音量的高低要根据面试现场的情况而定。面试时距离较近时声音不宜过高；群体面试时，声音不宜过低。声音适度应以面试考官能听清楚为宜，这需要应聘者在日常生活中学会把握声音的高低。

3.语速适中

语速是指说话的速度。人在说话时同时是心理、感情和态度的流露，其中，语速的快慢、缓急直接反映着说话人的心理状态。语速太快，表明应聘者内心紧张；语速太慢，说明应聘者内心不自信。因此面试自我介绍时，语速不能太快或是太慢，要让面试考官能够听清楚自己说的话，一般情况之下，语速保持在每分钟120字左右比较合适。

四、举手投足来自心声

仪态包括体态、手势、面部各种器官的动作表情、气质与风度。面试前，即使应聘者穿戴整齐，如果没有好的气质，同样会产生不好的效果。如果一个应聘者仪表堂堂，但在面试考官面前做出了不文雅的动作，也一定会让考官对他的印象大打折扣。

1.小动作不断

有的应聘者在面试答题时，表情木然，神情紧张或过于严肃，目光虚弱散乱；行为举止不当，过分谦恭，弯腰躬背，两手下意识地揉搓，点头哈腰，吐舌头、翻白眼；回答问题时辅助性的手势很零碎，频度过高，让人觉得滑稽可笑；坐姿不正，出现摇头晃脑、抖腿、跷二郎腿等下意识的动作，这些习惯性的毛病经常会让应聘者本来优异的表现大打折扣。

2.克服小动作

一些面试中的无意识的小动作，应聘者应该有意识地去克服，争取在考官面前展现出自己的素养和完美仪态，为自己的形象和表现加分。

① 自己独处的时候对着镜子练习，在心理上多给自己暗示，提高自己对于这些不良动作的注意，有意识地避免。

② 与同学合作练习，相互监督，改正不良的手势语。

③ 让家人和朋友充当考官，指出自己经常性的小动作，有针对性地加以改正。在练习的时候，最好能与家人、朋友保持"陌生"，这样更有效果。

④ 为自己制造心理阴影，一做小动作就惩罚自己，加深自己的印象，提高注意力。

中国有句古话叫"礼多人不怪"。见面三分礼是中国人交流的习惯，既然中国人如此讲究礼节，礼又是中国几千年来传统文化的重要组成元素，而在人们的日常工作和生活中，时时处处都要用到礼，航空面试的礼仪有多重要就可想而知了。

第四节
航空面试的形象设计

面试形象设计的目的是为了给面试考官留下良好的第一印象。面试时的第一印象，有两个关键点：第一，考官会根据职务的要求，在此框架下物色人才；第二，考官可能通过自己的主观体验，来选择与个人心中形象相匹配的人选。比如考官可能会根据自身经历，对有某种形象特征的人有好感等。而面试时考官对应聘者的第一印象主要是根据应聘者的形象来获得，包括应聘者的面部妆容、发型头饰和着装等，所以面试中的形象设计要求更严格。

一、清新的面部妆容

1.面部妆容概念

面部妆容是指通过科学和艺术的手段，人为地加入装饰，使人体容颜在原有基础上更加干净整洁漂亮。人的面部是一个人的"门面"，任何时候，面部是最容易受到人们关注的地方。面试时，考官最先从应聘者的面部来了解应聘者，因此应聘者必须对自己的面部修饰予以高度重视。

2.面部妆容的重要性

（1）美化容貌的需要

修饰自己的面部主要目的就是为了美化自己的容貌。在面试过程当中，一个面部妆容得体的应聘者更能赢得考官的信任和好感。

（2）增加自信的需要

化妆是对外交往和社会工作的需要。有句话说得好，"自信才是美"。可见美本身包含着自信的因素。完美的面部妆容，带来美的同时，也可以增加应聘者的自信，并通过魅力的外表及美丽的行为来塑造自己的美丽内心。

（3）重视面试的需要

一个注重面部修饰的人，可以给面试考官留下良好的印象，面试考官会认为应聘者为了此次面试做了充分的准备；反之，则会在面试考官处留下不良的影响。

3.航空面试妆容的基本原则

虽然在面试的过程当中，不同考官对于美的标准不统一，但脸部的美却是考官了解应聘者最初的部位，而脸部妆容是其中最重要的环节之一。脸部妆容的内容，包括眉、眼、鼻、颊、唇等部位的化妆。要想有个得体的面试妆容，首先必须掌握航空面试妆容的基本原则。

（1）自然真实的原则

面试时化妆是礼仪当中最基本的原则，它是应聘者对面试考官最基本的尊重。画面试妆容的一个原则就是自然大方，不留痕迹，给人以大方、悦目、清新的感觉，做到有妆似无妆，把握好这个度就能得到面试考官的青睐。

（2）扬长避短的原则

化妆就是在原有面貌的基础之上，通过艺术的描绘来美化自己，达到完美的境地。因此，在化妆过程中必须充分发挥原有面容的优点，修饰和掩盖其他不足，这是航空面试妆容的重要原则之一，必须准确把握。

（3）认真负责的原则

认真负责的原则是指化妆时不可敷衍了事，而要采取一丝不苟的态度，有层次、有步骤地进行。化妆时，动作要轻稳，注意选择合适的色彩和光线。

（4）整体协调的原则

化妆因人而异。在化妆前，要进行专门设计，强调个性特点，不要单纯模仿。要根据自身脸部（包括眉、眼、鼻、颊、唇）特征，进行具有个性美的整体设计；同时还要根据不同场合、不同年龄、不同身份制订不同的设计方案。切忌在原来的化妆基础上再涂新的化妆品，这样做不仅会使化妆失去光泽，而且会损害皮肤。

4.航空面试妆容的技巧

对于一名应聘航空服务，特别是空中乘务这一职业的应聘者，首先应该非常明确航空职业需要以怎样的形象出现。通常看起来干净、利落、和善、有自信的人，总是多数部门主管们中意的类型。因此，除了谈吐、礼仪和服装仪容之外，给自己一个爽洁、大方又清新的淡妆，绝对具有加分的作用。

（1）面部肤色的修饰

女性应聘者应聘时应以保持本色、淡妆出场。彩妆颜色应该以淡色系为主，红色、绿色、蓝色等正色系列。太过抢眼，一个不小心就造成了做作庸俗的负面形象。选择粉底应该根据自己的肤色和肤质来选择，一般选用接近自己肤色的自然色彩。肤色偏黑的应聘者应选不低于2号的粉底（粉底的色号数字越小越白），以免显得不自然；倘若肤色偏白或黄，则在粉底外，再扑上些粉红、粉紫色的蜜粉，营造白里透红的光彩。眼影和口红，以搭配服装色彩为选择依据，整体端庄的造型，重在体现个人的气质与个性。切不可浓妆艳抹或者另类前卫。

（2）眼睛和眉毛的修饰

眼睛是心灵的窗户。一个人的眼睛是否有神，往往反映的是他的精神状态。因此，眼睛在面试时的作用是举足轻重的，为了使眼睛在面试时能动人而传神，面试之前就应稍加修饰。例如女性应聘者可以描绘眼线，使之更加妩媚，但不能描得太黑太深，不要露出修饰的痕迹。

眉毛是对整个面部表情特别是眼睛烘托不可缺少的一部分，它的形状往往会给人不同的个性印象。眉毛的印象因眉毛的形状、宽窄、长短、疏密、曲直等而产生。眉毛在脸型中是横向的线条，因此在做化妆造型时，常常利用眉毛的形状和色调来调整脸型，增加表现力，以突出造型的个性特征。眉毛的造型应当衬托与协调整个妆面，而不能孤立地出现，使妆面显得突兀，破坏妆面的整体感。画眉时要注意选择合适自己脸型的眉形。眉毛分眉头、眉峰和眉梢三部分。圆脸型者，眉型宜成上扬趋势，可适度描画一定的角度和层次，表现力度和骨感，减弱圆润、平板的感觉；也可用略短粗的拱形，不宜选择平直短粗眉形和弯挑细眉。长脸型者，适合平直略带弧度的眉型，也可画成短粗智慧眉，不适合弧度弯、上挑的、纤细的眉型。方脸型者，眉形宜呈上升趋势，但为了与方下颌呼应，眉峰最好在外四分之三处，眉峰转折棱角分明，不宜选择平直细短的眉型。菱形脸型者，宜平直略长为宜，不适合弧度大的眉型。眉毛的重点应放在眉腰处而不是眉峰。

（3）鼻子的修饰

这里所说的修饰鼻子，并不是要应聘者去整容，而是要应聘者注意鼻子部位的清洁和卫生。鼻子周围毛孔较大，容易出汗，容易形成粉刺鼻、酒糟鼻，如果有这些情况的应聘者最好提前到医院去诊治，以免妨碍面试的效果。平常鼻毛长的人，面试前要格外注意修剪，如果鼻毛横行，面试官见了一定会感到恶心。另外，鼻端上或眼角里注意不要留有污秽积物。

（4）嘴唇的修饰

嘴唇是脸部最富色彩，最生动的地方，也是最吸引人的部分，所以无论如何要使嘴唇显得有润泽感。一般选择浅色系口红，避免用大红或橙红，过于刺目的嘴唇会给人以血盆大口的印象，使面试官唯恐避之不及。唇线不可画得太深，那样会使嘴显得突出和虚假。

（5）男性应聘者的面部妆容

男性应聘者虽不像女性应聘者要化妆，但是简单的面部修饰还是需要的。男性应聘者面部修饰包括干净的面部皮肤、齐整的眉毛、干净的鼻子和干净的嘴唇。男性应聘者应注意眉毛应当真实、大方，不能像女性应聘者一样画眉。男性应聘者嘴唇上可以涂上一层无色唇膏，让嘴唇有一定的润泽感，干巴巴的嘴唇会给考官一种仓促匆忙的感觉。

二、整洁的发型头饰

恰到好处的发型可以烘托出人的外在形象和个性气质美，塑造出优雅的气质和良好的风度。面试航空服务或空乘人员的应聘者在进行个人头发修饰时，不仅要恪守对于常人的一般性要求，还要依照自己的审美习惯和自身的特点对自己的头发进行清洁、修剪、保养和美化，并要依照面试的要求对自己的头发进行修饰。

1.面试发型的基本要求

应聘者在选择发型时，除了要与自身的形象相符，还要与自己所应聘的职位相符，符合所应聘职业的共性要求。空乘人员发型要大方，不留奇异、新潮的发型，不准染异色头发。

（1）女性应聘者的发型要求

女性应聘者面试时，不能留披肩长发，应把头发盘起，在背后用发网等软性发饰固定头发，并且不能有细碎的小头发掉出。女性应聘者可以留有刘海，建议将刘海修剪到眉毛以上，所谓眉清目秀就是这个道理，如果头发挡住眉毛，考官会认为应聘者不自信。

航空面试的盘发类型大致包括发髻、芭蕾、法式。发髻的盘发就是先梳一个马尾，用带网兜的发饰插进橡皮筋后面固定住，将马尾塞进网兜。芭蕾，也是先梳一个马尾，然后旋转缠绕后，用发夹固定，加上网罩，再加一个发圈式的发饰。盘发关键在于，马尾一定要扎紧，用发绳，不要用发圈。盘发应用细齿梳，最好是不用很宽大的粗齿，把头发梳密，扎上马尾。位置在后脑偏上，不要在偏下的位置，否则会显得老气，松松垮垮。法式盘发先从下至上垂直插入U形发夹，再以锯齿状排列夹上U形发夹；顺时针扭转发束并向上提拉；水平插入U形发夹固定。

（2）男性应聘者的发型要求

男性的头发比较好打理，如果使用发胶，一定要用梳子把固结成在一起的头发梳开。如果头发过长，那么最好提前几天理发，让自己有个适应的过程。男性不应留长发或是时髦新潮的发型，也不要留光头，并且头发不能盖过耳尖，不能留鬓发。

2.面试发型的选择

发型与脸型的搭配十分重要，既可以用头发组成适当的线条或块面来改变脸型的不足，把原来比较突出而不够完美的部分遮盖，也可以将部分头发梳得蓬松或是紧贴以增加或减少某部分的块面，改变脸型轮廓。不同的发型能塑造不同的气质，选择适合自己的面试发型，可以有效地修饰面部瑕疵，达到互相烘托的效果。人的脸型根据几何图形来区分大致有椭圆形、圆形、方形、长方形、三角形、倒三角形、菱形等，发型与脸型的配合大概有以下几种情况。

（1）椭圆形脸

就亚洲来说，是受喜欢的脸型，这种脸型轮廓和线条都是很柔和具有美感的，适合很多样式的发型，想要体现出某方面的风格也是比较容易的。

（2）圆形脸

额前发际线低，脸蛋圆满，长宽近乎相等，显出圆形的轮廓。使头顶头发蓬松，两侧收拢，外轮廓线视觉上放高，内轮廓线可做出三角形的偏刘海，借此补充缺乏线条感的圆形轮廓。

（3）方形脸

额部开阔呈方形，两腮突出有角，呈方形轮廓。发型顶部应高耸蓬松，至两侧收紧，内外轮廓线呈柔和的形状，可以用刘海遮盖去除前额方角，以减少额头宽度，头发线条感也可略带波纹以冲淡方形的线条感。

（4）长方形脸

额前发际线生长较高，使脸型显得狭长。轮廓呈长方形的脸型，给人以成熟的视觉感，改变这种气质和头型，顶部不宜过高，因为头已经够长了，将两侧头发做堆积或者将其蓬松，刘海向前遮盖额头线条不宜过于硬朗，内外轮廓线也不宜用到方形。

（5）三角形脸

这是一种宽阔的腮部和较尖的额头。既然是上小下大，那么就使顶部呈现出宽阔，做蓬松，脸型轮廓的两侧头发收拢，使轮廓线形状上方饱满。

（6）倒三角形脸

这样的脸型刚好与三角形相反。头顶较平可做圆，稍加蓬松度，下颚两侧头发增加重量堆积，使轮廓线冲淡其倒三角脸型。

（7）菱形脸

额部较狭窄，下额尖而两边突出，呈上下小中间宽的菱形轮廓。发型要放宽上下两部中间收拢，勿出现菱形轮廓，前额部以刘海作为修饰，整个发型纹理线条柔和。

三、合身得体的着装

1.着装的基本原则

色彩、款式、质地是构成服饰的三要素。一个人的着装能显示其气质与格调，帮助人们塑造完美的形象。在面试当中，一个具有得体着装的应聘者更能取得面试考官的好感。航空公司招聘航空服务人员时，除有具体着装要求的话，其他的面试都应遵循以下的搭配原则。

（1）中规中矩的原则

应聘者觉得面试一次的机会非常难得，而且前去航空公司面试的人员非常多，面试流程多，竞争激烈，因此有应聘者为了凸显自己，会穿着时髦、前卫的服装，目的是想从众人当中脱颖而出，其实这是一个极大的误区，一般航空公司都很欣赏传统、保守的正装。

（2）合身的原则

所谓合身的原则是指符合应聘者身材和身份的原则。应聘者面试时穿着服饰就是想借服饰之美来装扮自己，利用服饰的色彩、款式、质地等来美化自己。因此应聘者必须充分了解自己身材的特点，通过服饰的搭配，达到扬长避短的功效。

（3）得体的原则

在面试的时候，不一定要穿得好，更不一定要追求名牌，但是一定要得体大方。服饰的色彩、款式要和自己的年龄、气质以及求职者所应聘的职业岗位相协调一致。不要为了显得自己很成熟，就打扮过分老成。

（4）干净的原则

面试的服装应保持干净的原则。再得体的服装，也必须要保持干净整洁。如果应聘者穿着一身满是油渍、汗渍、污渍的服装去面试，会给面试考官留下不好的印象。对自己衣着干净都不在乎的应聘者，怎么会有热情为乘客服务。因此保证衣服清洁是最起码的要求。

（5）平整如新的原则

面试时穿着的服装必须是熨烫过或者是没有褶皱的衣服。有些应聘者是学生，学校可能没有条件熨衣服，不妨把衣服用衣架挂起来，只要在存放过程当中留意，衣服还是可以保持平整的。

2.着装搭配技巧

（1）色彩搭配技巧

色彩是服装留给人们记忆最深的印象之一，而且在很大程度上决定服装穿着成败的关键所在。应聘者由于个人的肤色不同，在选择面试服装时，应根据自身的肤色进行选择搭配。

① 肤色色调白皙者　对色彩选择余地较大，就好像是在白纸上画画，任何颜色都可以画在上面，不用多考虑穿哪种色彩衣服更出效果，或明亮或深沉，都会穿出或朝气勃勃或冰清玉洁的效果。但皮肤过于白皙，有时也会显得略有病态，米色的上装或全身素装会加强这一点，往往显得与环境格格不入。而对于黑发、皮肤细白的女性，适合她的色彩就更多了，只要整体搭配协调，其色彩、款式都会有助于衬托她的身材美、形象美。

② 肤色色调黄灰者　一般不选用米黄色、土黄色、灰色调的服饰，这种服色会显得精神不振和无精打采。肤色若过于发黄的人，应该忌用蓝紫色调的服饰，而采用暗的服色以改善其气色；同时也不宜穿土褐色、浅驼色或暗绿色的服饰。这些服饰不是使整体形象的色彩效果灰暗，就是使原来的肌肤越发显黄。明度和饱和度较高的草绿色，也易使大部分黄肤色又黑又红，并呈现粗糙感。

③ 肤色色调深暗者　原则上要避免穿用深褐色、深咖啡色、黑紫色或纯黑色服饰，也不宜用明度高的色调，但可以选用白色服饰。若肤色暗中偏褐色、偏古铜色的人，适宜穿很浅、很明洁或很深、很凝重的色彩服饰。在形成黑白对比时，增加了明快感与大反差的魅力。肤色若暗而黑红者，还不宜穿浅粉、浅绿色的服饰，但换上浅黄色、白色、鱼肚白色，会使肤色同服色和谐且效果好。当然，粉红色肤色的人，也适宜这类服饰。

④ 肤色色调红润者　此类肤色者，不宜穿草绿色的服饰，否则会显得俗气；而穿茶绿色、墨绿色上衣，则显得活泼有神。若肤色太红、太艳，不要穿浅绿或蓝绿，因肤色与服色的强烈对比，会使肤色显得过红而发紫。

（2）款式搭配技巧

人的体型多种多样，而每个人的体型又各有不同，所以在衣服色彩上也有不同的选择。如何巧妙地扬长避短，衬托出人体的自然美，是服装的一大任务。

① 女性应聘者搭配技巧如下。

a.体型较肥胖　宜选用富于收缩感的深色、冷调，使人看起来显得瘦些，产生苗条感。如果穿浅淡色调，脸上的阴影很淡，人就显得更胖了。但是肌体细腻丰腴的女性，亮而暖的色调同样适宜；一般选择纯色或有立体感的花纹，竖色条纹能使胖体型直向拉长，产生修长、苗条的感觉。

b.体型瘦削　服装色彩选用富有膨胀、扩张感的淡色，沉稳的暖色调，使之产生放大感，显得丰满一些，而不能着清冷的蓝绿色调或高明度的明暖色，那会显得单薄透明弱不禁风。还可利用衣料的花色调节，比如大格子花纹，横色条纹能使瘦体型横向舒展、延伸，变得稍丰满。

c.梨型身材　属于上身比较瘦，腰细，大腿粗，臀部过大。在着衣时上装应用明色调如白、粉红、浅蓝等；下装用暗色调如黑色、深灰色、咖啡色等；上下对照，突出上身的纤细，隐藏下身效果会好些。

d.苹果型身材　属于上身圆胖、胸大、腰围显粗，而腿比较细。这种体型恰好和梨型相反，上身宜穿深色系衣服如黑色、墨绿色、深咖啡等。下装着明亮的浅色如白、浅灰等。

e.腿短的体型　上装的色彩和图案比下装华丽显眼一些，或者选择统一色调的套装，也可以增加高度。

f.腿肚粗的体型　上装的选择可以随意，但下装穿短裙，尽量用暗色调，以使腿肚显得细一点儿。

g.肩窄的体型　上装宜用浅色或带有横条纹衣着，增加宽度感，下装宜用偏深的颜色，更加衬托出肩部的厚实感。

h.正常的体型　选择服装色彩的自由度要大得多，亮而暖的色彩显得俏丽多姿，暗调、冷色系也可搭配得冷俊迷人，选用流行色更加富于时代色彩，只需要考虑适合的肤色，和上下装色彩的搭配就可以了。

② 男性应聘者款式搭配技巧　男性应聘者着装比较简单，主要是以西装搭配领带为主。整体着装从上至下不能超过三种颜色，这样从线条整体上看会更流畅、更典雅，否则会显得杂乱而没有整体感。西装搭配主要遵循以下的搭配技巧。

a.身材粗壮的男子最适合单排扣上装，但尺寸要合身，可以稍小些，这样能突出胸部的厚实。但要注意掩饰腹部，注意随时扣上纽扣。应选用深色衣料，避免用浅色衣料。尖长领的直条纹衬衫是最合适的，但要系领带，这样别人不会注意面试者的腰围。

b.身材高瘦型男士所穿西装的面料不宜用细条纹，否则会突出身材的缺点，格子图案是最佳选择。上装和裤子颜色就对比鲜明，这要比穿整套西装好，双排扣宽领的款式更为合适。宽领衬衫配一条适中的丝质宽领带，最好是三角形或垂直小图案，再加一件翻领背心，使体形更显厚实。裤子应有明显的褶线和折脚，使用宽皮带和厚底鞋，使人增添敦实感。

总之，为了获得面试考官对自己的第一眼好感，要牢牢记住，航空面试的形象设计必不可偷工减料、得过且过、马马虎虎应付了事。一定要本着以上介绍的妆容与着装原则和要求，以一个大方得体，清新靓丽的职业化形象，展现在面试考官的眼前。

面试形象审定

1.审定的目的

面试形象审定，就是评价形象是否最大化符合航空公司的要求，这也是面试形象设计的首要因素。满足航空公司的形象要求就意味着满足面试考官的心理，让他们看着顺眼顺意是面试形象审定的直接目的。

2.个人形象审定

主要是观测面试形象是否让自我和他人都感觉良好。比如服装的色泽、款式，丝巾、鞋子、发型的搭配等整体效果如何，是否看起来大方得体，神采奕奕，有气质。无论参加任何形式的面试，最终都离不开个人形象的展示，所以适合自身的形象设计很有必要，也必定会为个人的航空面试多赢得几分的肯定和欣赏。

3.整体形象审定

主要保证参加面试人员形象的协调一致性。整体形象不能是个人看起来很入眼，大家站到一起来就显得很别扭，要讲求着装的统一性和妆容一致性。特别是学校集体组织的面试，参加面试的学员们整体看起来的形象效果相当的重要，因为从中可以反映出学校对这个专业的整体教学状况，另一方面有可能关系到航空公司面试人员给予学员们怎样的评价和信心。

"人靠衣裳马靠鞍"，换句话说外形是一个人内心精神世界的展现，在航空的面试准备中形象设计十分重要。一个好的形象不用开口说话，往那一站就能加分。面试形象设计要体现出青春朝气的风貌，无论是妆容还是着装都要符合自己的身份和职业特点。

第五节
航空面试中的自我介绍

自我介绍是向别人展示自己的一个重要手段，同时，也是认识自我的手段。自我介绍的好与坏，直接关系到给别人的第一印象及以后交往的顺利与否。成功的自我介绍，可以让面试者从众多应聘者当中脱颖而出，进入下面的面试环节。

本节通过自我介绍的示例及分析，展示自我介绍的语言组织及介绍内容的安排。

一、自我介绍内容及示例

航空公司面试时有两次做自我介绍的机会。第一次是初试，第二次是公司领导人面试。这两次自我介绍都是以此了解应聘者的大概情况，考查应聘者的口才、应变和心理承受、逻辑思维等能力。由于面试场合不同，因此需要不同的自我介绍，使用同一种自我介绍，那会显得场合不分。但是不管是哪次自我介绍，最好先在家打个自我介绍的草稿，然后试着讲述几次，感觉一下，这样在面试时能够流利介绍自己。

1.初试时的自我介绍

一般情况之下，航空公司的面试人员会要求应聘者就自己的姓名、身高、体重、特长、爱好、所就读的院校等做简单的介绍。应聘者在做自我介绍时应注意以下事项。

① 自我介绍时首先应礼貌地做一个极简短的开场白，并向所有的面试人员（如果有多个面试考官的话）示意，如果面试考官正在注意别的东西，可以稍微等一下，等他注意转过来后才开始。

② 注意掌握时间，如果面试考官规定了时间，一定要注意时间的掌握，既不能超时太长，也不能过于简短。

③ 介绍的内容不宜太多的停留在诸如姓名、学习经历和时间等问题上，因为这些在简历表上已经有了，应该更多地谈一些跟自己所应聘职位有关的工作经历和所取得的成绩，以证明自己确实有能力胜任所应聘的工作职位。这样的回答才更具真实性，更容易被接受，才能给对方留下深刻的印象。例如应聘者如果英语等级水平高，口语流利，在初试时应让面试人员了解，增加自己的印象分。

④ 在作自我简介时，眼睛千万不要东张西望，四处游离，显得漫不经心的样子，这会给人做事随便、注意力不集中的感觉。眼睛最好要多注视面试考官，但也不能长久注视目不转睛。再就是尽量少加一些手的辅助动作，因为这毕竟不是在演讲，保持一种得体的姿态也是很重要的。

⑤ 在自我介绍完后不要忘了道声谢谢，有时往往会因此影响考官对面试者的印象。

2.自我介绍示例

（1）中文范例（仅供参考）

各位评委老师：

大家上午好！

很高兴有机会参加此次的面试。我是×××，来自××大学，现在是一名在校大三学生，我在大学所学的专业是空中乘务专业，我的身高是××厘米，体重是××公斤。在大学学习期间，已通过大学英语六级。我的爱好很广泛，舞蹈是我的强项。我希望通过自己的努力，成为一名空乘人员，工作在蓝天白云间，仰观宇宙云卷云舒。虽然我的经验不足，或许让各位犹豫不决，但请相信我的干劲与努力将弥补这暂时的不足，也许我不是最好的，但我绝对是最努力的。谢谢！

（2）英语范例（仅供参考）

Good morning/afternoon, my name is ×××. I am ×× years old. I graduated from ××× University. I have a dream since I was a child. I dream that one day I can fly in the blue sky like a bird. Now I have the chance to make it come true. If I can get this job. I'll try my best to do everything well. Because I love this job.

Thank you very much.

3.公司领导面试时的自我介绍

基本上这是航空公司面试的最后一轮，即终审面试，能走到这一轮的面试者都是非常优秀的。人力资源部在面试应聘者时主要考查的是应聘者的经历、阅历和知识经验，而到了航空公司领导面试这一关，主要考查的是应聘者的亲和力、沟通能力、稳定性和适应性。在这关面试当中，同样要求应聘者就自己的姓名、身高、体重、特长、爱好、所就读的院校等做介绍。应聘者在此轮自我介绍时应注意以下事项。

（1）外观印象

航空公司的领导在这关面试当中会根据自身的阅历对照自己的人才模型，他像老中医一样，通过望、闻、问、切来初步判断一个人的能力素质。不可否认，有些领导有喜好偏爱，比如身高、长相等，这些都是客观而不可改变的。但长相是天生的，气质是后天磨炼的。器宇不凡、神采飞扬的人往往蕴涵着能力，也有的领导注重面相和属相，表面上看有的地方近乎迷信，实际里面包含企业的成功要素、成功基因，是想以后能够相处和谐。

（2）沟通方面

最简单的要求就是能听得懂，理解得透，在交流的过程中，航空公司领导会用开放的问题来考查应聘者，一般情况下，这类问题没有固定的答案，主要是考查应聘者是否具备某些能力。

沟通也会侧面体现一个人的风格，比如表达的语速、语音、语调、方言、用词习惯，过分啰唆、掩饰都会反映出一些问题。上司讲话急促，就不喜欢慢吞吞的，急急风遇到慢郎中，会产生误解、冲突、内耗；相反，如果上司比较深沉、内敛，则不喜欢张扬、鲁莽、不稳重的人才。

（3）适应性与稳定性

如果其他条件都满足的话，最终就会落脚到适应性与稳定性方面。适应性方面考虑文化、风格以及公司规模、职责、职位的匹配性；稳定性考虑薪酬、发展、地域、家庭等。如果领导感觉人才优秀，会提出一些优厚条件，使候选人增强适应性与稳定性。

二、英语用词、发音准确

无论是到中国的国际航空公司还是国外的航空公司应聘，公司都要求空服人员不仅有高挑的身材和甜美的长相，而且要具备优雅的气质，会讲一口流利的英语。口试内容主要分为中英文面试、中英广播词、航空状况题、时事题、个人问题等。每一家公司会有不同的考试流程，初试、复试的难易度也不同，要多方面收集资料，知己知彼，再配合临场应变能力、机智反应、适宜的装扮、优雅的谈吐及亲和力，这样面试才能得高分。空服英语面试有以下技巧。

1. 注重时态

其一，是因为英语和汉语的表达习惯不同，英语时态在口语中极容易出现错误，但时态又是比较基本的语法点，一旦用错，会让面试考官对面试者的英语能力产生质疑。其二，是因为在面试过程中，往往会涉及很多关于个人经历、教育背景、工作经验、职业规划等方面的问题，因此在表述某件事情或是某个想法的时候，一定要注意运用正确的时态。否则就会造成差之毫厘，失之千里的后果。

2. 尊重个人及文化差异

在英语面试过程中，应当尽量避免由于对英语语言的驾驭能力不足，而引发的不敬甚至冒犯。具体而言，主要有两种做法要特别注意避免。首先，是要避免使用过于生僻的单词，或是地方俚语之类接受群体相对比较小的表达方式，因为这种表达方式很有可能造成听者的困惑与曲解。其次，则是要避免过多过于主观地谈及宗教文化或时事政治方面的问题。不少面试者出于第一项提到的急于展示英语水平的目的，或是想给面试考官留下深刻印象的目的，常常容易犯这种错误。

3. 注重口语的实用性

以英语为载体，展示工作才能与英语考试的口试不同，面试人员通常是由航空公司的人事主管、空乘部门主管或公司高层组成，他们更关心和器重的是面试者的专业知识和工作能力。而英语此时只是一种交流工具，或者说是要展示的众多技能中的一种，因此要切忌为说英语而说英语。有些人就怕自己的英语减分，为了希望给面试考官留下英语水平高的印象，常常会大量地使用事先准备好的花哨的词汇及句式，而真正针对面试官所提问题的回答以及与工作有关的个人见解却很少，最后除了得到一句英语不错的夸奖之外，恐怕很难有理想的收获。

三、使用正确语气表达

在《现代汉语词典》当中，"语气"解释为说话的口气，是指说话时流露出来的感情色彩。在面试自我介绍的过程当中，应聘者应使用正确的表达语气来表达自己的想法。使用恰当的表达语气，对应聘者面试非常重要。

1. 掌握语气的特点

语气包含思想感情、声音形式两方面的内容，而思想感情、声音形式又都是以语句为基本单位的。因此，语气的概念又表述为具体思想感情支配下的语句的声音形式。语音作为语言的物质外壳，是语气表达所必须依据的支持物。语音、语气的不同，会导致语言的表达意思有可能完全不同。因此要注意语音的高低适中，学会控制语气，保持语言的暖度与喜悦色彩。

2. 改变不良的习惯语势

语言是人际交往的桥梁。正因为有了语言，才丰富了人类社会化的内容，扩大了社会化的范围，加速了社会化的进程。但是应该看到，人在社会化的过程中，由于受社会、家庭和个人的某种语言习惯的影响，形成了每个人的独特的习惯语势，因此要尽早克服那些不符合语气要求的习惯语势。有的人讲话声音变化很大，总是一开口声音很高、很强，到后来则越说越低、越说越弱，句尾的几个字几乎听不到。这种头重脚轻的语势使语意含混，容易造成听话人的疲劳感。有的人讲话，总是带有一种"官腔"，任意拖长音，声音下滑，造成某种命令、指示的意味。有的人讲话，则喜欢在句尾几个字上用力，使末一个字短促，语力足，给人以强烈感、武断感，容易让人不舒服。

3.根据不同场合调整语气

应聘者在面试当中要想取得良好的效果，在自我介绍时，必须考虑场合、对象、时机等因素。要根据不同场合、不同时机、不同环境和不同对象的语言交流特点，灵活恰当地运用语气的多种形式，做到适时而发。一般来说，场面越大，越要注意适当提高声音，放慢语速，把握语势上扬的幅度，以突出重点。相反，场面越小，越要注意适当降低声音，适当紧凑词语密度，并把握语势的下降趋向，追求自然。场合不同，运用的语气也应不同。航空面试自我介绍时最好多用平缓的陈述语气，但在表现自身优点长处时，可以稍微加重语气。陈述自身优点长处时，要视航空职位的要求，充分表现自己有关的能力和才干。

其实自我介绍是个人的一张语言名片，不仅有文字叙述，还有声音效果，声情并茂。如何才能让个人的这段口述介绍把面试考官一下子打动，就要看面试者笔下语言文字组织，还有口语表达能力。面试中尽量地把个人介绍能生动完美地展现，自我介绍的练习准备不可忽视。

第六节
面试中的笔试题

在招聘航空服务人员时，笔试并不是每家航空公司招聘流程中都会涉及的环节，但是有些航空公司在招聘航空人员时有笔试这个环节，所以应聘者应该了解航空公司笔试题目的相关内容。一般情况下笔试试题里大致包括语文、数学、历史、地理、政治、英语、记忆、常识、法律等几种类型的题目。

一、面试中的笔试题示例（仅供参考）

1.语文题
飞流直下三千尺，疑似银河落九天，指的是什么？

2.数学题
（1）$1+2+3+4+5+\cdots+98+99=$ ？

（2）指出下列图案中有几组相同的，并将相同的图案用连线连接。

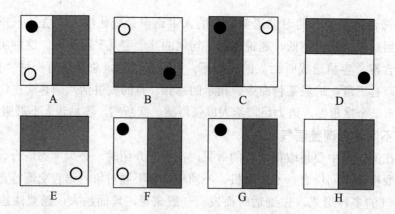

3.历史题

（1）卧薪尝胆是指哪位历史人物？

（2）杨贵妃沐浴的地方是在哪里？

4.地理题

（1）下列我国名茶中哪一种是产于福建安溪？（　　　）

A.龙井　　　　　　　B.碧螺春　　　　　　　C.铁观音　　　　　　　D.武夷岩茶

（2）下面哪个国家被称为"枫叶之国"（　　　）。

A.马来西亚　　　　　B.巴西　　　　　　　　C.加拿大　　　　　　　D.泰国

（3）世界上第一个也是历史最悠久的国家公园是（　　　）。

A.黄石国家公园　　　　　　　　　　　B.大峡谷国家公园

C.大雾山国家公园　　　　　　　　　　D.红杉树国家公园

（4）我国最大的淡水湖泊是（　　　）。

A.洞庭湖　　　　　　B.太湖　　　　　　　　C.青海湖　　　　　　　D.鄱阳湖

5.政治题

（1）邓小平理论的精髓和核心是（　　　）。

A.解放思想、实事求是　　　　　　　　B.坚持改革开放

C.以经济建设为中心　　　　　　　　　D.坚持四项基本原则

（2）马克思主义和中国实际相结合的第二次飞跃是指（　　　）。

A.中国共产党的成立　　　　　　　　　B.毛泽东思想的产生

C.新中国的成立　　　　　　　　　　　D.邓小平理论的产生

6.英语题

（1）She didn't know _____ to express her ideas in English clearly in public.

A.which　　　　　　B.why　　　　　　　　C.what　　　　　　　　D.how

（2）Not until she arrived at the meeting room _____ she had forgotten to bring the document.

A.she realized　　　B.did she realize　　　C.she did realize　　　D.does she realize

7.记忆题（示例描述）

电脑开始放一段视频，视频中一个人拿起电话开始打，之后说了一串话后挂掉了。

这时耳机里就开始出题了，问刚才视频中那个人打的电话号码是多少？

8.常识题

（1）中国民间为什么要喝腊八粥？

（2）农业对于花农，相当于报纸对于（　　　）。

（3）导航灯对于船舶，相当于（　　　）对于人生。

（4）端午节所纪念的屈原是哪个国家的？

（5）蒲松龄的故居在哪里？

9.法律题

（1）中国第一部宪法纲领是什么？

（2）遗产继承的第二顺序继承人是谁？

二、笔试注意事项

笔试是一种比较常用的考核办法，有些航空公司在面试时加入笔试主要是用以考核应聘者的一些特定知识，它是用人单位对求职者所掌握的基本知识、专业知识、文化素养和心理健康等综合素质进行的考查和评估。笔试对应聘者来说是相对公平的一种测试方式。

1.笔试的特点

笔试是让应试者笔答事先拟好的试题，然后根据解答的正确程序予以评定应试者成绩的一种考试方法。笔试有三个显著的特点。

（1）客观性

试题依据一定的内容和客观标准拟制，评卷依据客观尺度，人为干扰因素少，具有较强的区别功能。

（2）广博性

试题可以多种多样，测试范围广泛，结果的可信度较高。

（3）经济性

可在同一时间不同的地点，同时考核大批应试者，提高考试的效率。

2.笔试前的准备

（1）保持良好的身心状态

航空公司的笔试毕竟不同于学校平时的考试，临考前要注意以下几点：要适当减轻思想负担，不可给自己施加过大的压力，否则适得其反；笔试的前一天要注意休息，保证充足的睡眠，避免考试时精神不振，影响正常思维；要适当参加一些文体活动，从而使高度紧张的大脑得到放松休息，以充沛的精力去参加考试。

（2）了解笔试类型，做到有的放矢

在应聘不同的航空公司时，应聘者应该从各个渠道了解不同航空公司笔试时笔试类型的侧重点，在复习时，做到有的放矢。当然航空公司的笔试相对来说都比较简单，笔试成绩与应聘者平时的努力有很大的关系，如果应聘者兴趣广泛，平时注意吸收各种信息，考试时就能驾轻就熟，得心应手。

（3）笔试的知识准备

航空公司笔试试题往往范围大，内容广，存在着一定的随意性和即时性。因此，凡是与求职有关的一些知识如文史知识、科技知识、经济知识、法律知识和一般的电脑知识等，均要系统地复习一遍。

提高阅读能力，对扩展知识面和回答应聘考试的各类问题很有益处。要提高阅读能力，首先得坚持进行阅读实践。知识的获得，主要依靠传授；能力的提高，则必须通过实践。复习时经常做些阅读训练，有助于阅读能力的提高。在做阅读训练时，一定要做到"眼到"和"心到"，特别是"心到"。即对每个问题都仔细揣摩，认真思考，分析比较，综合归纳，努力提高自己的阅读能力。

（4）敏锐思考，提高快速答题能力

为了适应招聘考试中的题量，还应该尽快培养自己快速阅读、快速思维和快速答题的能力。因为现代阅读观念不只着眼于信息的获取，而且还特别重视速度。所以在准备笔试的时候一定要提高做题速度。

3.参加笔试应注意的细节问题

（1）听从安排

应当在监考人员的安排下就座，而不要选择座位，更不要抢座位。如果因特殊情况，座位确实有碍自己考试需要调整时，一定要有礼貌地向监考人员讲清楚并求得其谅解，若实在不能调换，也应理解其工作上的难处。

（2）遵守规则

在落笔之前，一定要听清楚监考人员对试卷的说明，不要仓促作答，不要跑题、漏题或文不对题；更不能有不顾考场纪律，我行我素的行为。比如未经许可携带手机等通信工具，擅自翻阅字典、使用电子工具等。

（3）写好姓名

做题前一定要先将自己的姓名等按要求填写，个人情况写清楚，以免百密一疏，白白地做了一回"无名英雄"。

（4）卷面整洁

答卷时应注意卷面整洁、字迹清晰、行距有序、段落齐整、版面适度。要从对方阅卷装订方便出发，试卷上下左右边缘应该留出些空隙而不要"顶天立地"。因为求职过程中的笔试不同于在校时的考试。"醉翁之意不在酒"，有时用人单位并不特别在意应聘者考分的稍许高低，而是从中观察考生是否具有认真的态度、细致的作风，从而决定录用意向。

（5）光明磊落

防止一些可能被视作舞弊的行为或干扰考试的现象出现。诸如瞄别人的试卷、藏匿被考试单位禁止的参考材料，与旁人嘀咕等等。另外，独自口中念念有词，把试卷来回翻得哗哗作响，用笔击打桌面，唉声叹气，抓耳挠腮，经常移动身体或椅子显出烦躁不安等举动是不会为自己带来任何好处的。

（6）手机等通信工具主动上交

应试者参加笔试，一定要注意手机等通信工具的处理，按照监考人员的要求，关掉手机放在包里或直接交给监考人员保管。否则手机等通信工具响起来时，会不自觉地去关注，就有作弊的嫌疑或给用人单位留下了一个不严谨的印象，将直接影响到应试者笔试的成绩。

（7）要掌握科学的答卷方法

应试者拿到试卷后，要先通览一遍，然后先解答简单的题，最后再答难题，答题要掌握好主次之分。对试卷中特殊的试题，千万不要慌张，不要失去信心，应该相信大家的水平相近，要认真分析作答。从这个意义上来讲，笔试考的是综合素质。

另外，笔试中要特别注意时间的限制性。因为笔试的题很多，不少应试者因为开始做得太仔细，最后没有足够时间完成全部试题而落榜，这样就很遗憾了。所以要在认真仔细的同时，也要抓紧时间做好每一道题，把时间分配好，以免错过答题的时间机会。

（本章图2-4至图2-7由南昌理工学院提供）

? 思考练习题

1.为什么要熟悉航空面试的程序？

2.对航空面试的具体内容你了解多少？

3.谈谈个人对航空面试准备的理解？

4.打算为自己制作一份怎样的新颖简历？

5.你会用中英文流利地作自我介绍吗？

6.你的微笑能打多少分？

7.你满意自己的妆容吗？

8.面试礼仪你掌握多少？

9.如何增加笔试题的知识内容？

第三章

航空面试的应答环节

学习目标

- 掌握航空面试的提问内容。
- 掌握问题回答的核心与要领。
- 拓展平时的练习思考能力。
- 培养个人的全局观念。

面试中一般更注重礼仪、对顾客的接待与服务等方面的要点，较为关键的应答环节很容易被忽略，如果在应答部分表现得很糟糕，弄不好就会前功尽弃，影响到面试录用与否的最终命运。

应答提问大多带有个人对这个行业理念性的认识成分，这是选择工作的态度，可以决定一个人的行为方式和行动指南，航空公司不能不慎行。所以在本章内容里着重介绍面试的问题提问及应答示例、拓展训练，以及回答提问时要注意的一些事项。

第一节
航空面试常见问题应答

航空公司在招收人才的面试中，看似不经意的提问，其实每一道问题都是事先精心设计好的内容。目的在于更细致地了解每一个面试者，对工作选择的充分理由和想法，以及在日常学习生活中的真实状况。根据不同面试者对某个问题回答的具体情况，观测一个人的求职心理动机和工作态度，以全面权衡岗位人员的确定与试用。

一、航空面试的应答概念

1.关于航空面试应答

在航空面试中，用中英文提问及回答问题是十分重要的面试环节，一方面是考查面试者的听力、语音、口语表达能力和对问题的理解能力、反应速度及思考方式；另一方面也是通过面试者所回答问题的内容，对他们的日常行为有更深入细致地了解。而有些航空公司为考察应聘者的心理素质状况，除了必要的问答题外，还会单独增设心理测评题目，可见问题应答的重要性。这是航空公司对所招收人员自身素质条件具备与否而进行的实际考查项目。

2.航空面试应答的要求

在这个环节中，面试考官所提的所有问题都是航空公司事先准备好的面试题目，所问的每一个问题都是有目的性的，所以每一个参加面试的人员必须回答，不可错过每一个问题回答的机会。否则，就不能够给面试考官想要的全部面试素材。如果没有可供参考的依据，他们又怎么来对面试者做出正确而客观的个人评定呢？可想而知其面试的结果，可能无法录用面试者进入航空公司工作。

二、航空面试问题应答示例

1.航空面试中常见中文题目及答案（仅供参考）

（1）为什么要做一名空乘人员？

做一名空乘是我从小就有的梦想，我喜欢为别人服务，我性格开朗，尤其喜欢与别人交流与沟通，也喜欢旅游，所以当一名空乘很适合我。

（2）你对航空工作有哪些具体的了解？

之前我对航空公司的工作进行过充分的了解，我知道航空工作并不像一些人想象的那样只是拥有光鲜的外表，华丽的服装，外加收入丰厚，待遇好。航空工作就是为乘客提供细心周到的服务，要有工作责任感，还需要吃苦耐劳的精神。我会用自己的微笑和诚心做好航空工作。

（3）你有哪些特长和爱好？可以展示一下你的特长吗？

我热爱音乐、舞蹈（或者其他方面），在学校多次参加表演活动。我能说一口流利的英语（或者其他语言），能够自如地和别人进行交流会话。

（接着展示自己的特长，适当地表演唱歌、跳舞、英语会话等）

（4）在家里是否经常帮助父母做家务？

我在家里很喜欢帮助父母做家务，拖地、洗碗、打扫房间卫生，还经常帮爸妈洗衣服、做饭等。

（5）如果在飞机上遇到不讲理的乘客你会怎么做？

首先要心平气和，不能急躁，然后做到以诚感人。提供服务时多征求乘客意见，注意观察他（她）的反应情况，主动进行沟通，及时了解乘客需求，让乘客感受到乘务人员对他（她）的关心，化解矛盾。

（6）你考虑过做乘务工作的辛苦吗？如果你被我公司录取，你准备如何做一名合格的空乘人员？

做乘务工作的确很辛苦，这些我早有心理准备。如果贵公司录用我，我会树立全心全意为顾客服务的工作理念，对顾客做到耐心、爱心、热心、关心，工作认真负责，不怕吃苦，为顾客提供满意的服务。

（7）做一名优秀的空乘人员需要哪些品质？

首先是要热爱自己的工作岗位，积极乐观，不怕挑战，虚心向身边的上级和同事学习，加强专业素质的修养，多思考多想办法，努力提高个人的服务水平，确保每一位顾客旅途的舒适与安全。

（8）在学校期间朋友多吗？

我兴趣广泛，很喜欢交友，所以在大学里我身边的朋友很多，大家在一起交谈、旅游、看电影、唱歌跳舞，相处得十分愉快。

（9）谈谈你对本公司的了解，公司有哪些机型和航线？

贵公司是一家××性质的航空公司，成立于××××年，是一家有着多年安全飞行记录的航空公司，服务口碑很好。

贵公司目前的机型有：××型飞机……

航线有：××航线……

（10）为什么报考本公司？

贵公司有着多年的安全飞行记录，社会各界对贵公司的优质服务给予了充分地肯定，这也是我选择到贵公司工作的根本原因和理由。

（11）如果有两个航空公司同时接收你，你会选择哪家？

如果同时有两个航空公司录用我，我会非常高兴，很感激他们对我的信任，但选择哪家公司，这还要看哪家更适合我，能为我提供良好的成长环境和工作平台。

（12）你有什么优点？又有什么缺点？打算如何克服这些缺点？

我的优点是性格开朗，容易与周围的人相处，会理解人，身边有很多好朋友。缺点就是因为性格直爽，有时会得罪人。但我很热爱航空服务工作，愿意在以后的工作中注意改正与克服自身的缺点，加强学习和专业修养，提高自控能力，相信一定会处理好与顾客之间的各种问题。

（13）飞机上有一名旅客的孩子一直哭闹不停，你将如何处理？

首先询问带小孩的旅客，孩子有没有不舒服的情况或其他原因，是否需要喝水或喝奶，如果需要提供，乘务组及时帮助提供。如果机上有儿童玩具，可以将玩具提供给小孩玩，或者请带小孩的旅客到服务间，让小孩换一个环境。如果飞机上有其他空余的座位，还可以帮助换到比较空的位置上就座。

（14）飞机上突发一位病人，你将如何处理？

首先将这一情况报告乘务长，然后广播问讯机上是否有医生，可请医生帮助处理。如果情况紧急应及时将情况报告给机长，决定是否采取应急备降。

（15）你认为家庭与工作哪一个更重要？为什么？

我认为两者都重要。因为家庭是个人工作的动力源泉，可以让自己更加安心地从事自己喜欢的工作；而工作则是家庭生活品质的保障。两者相互促进，相得益彰。

（16）如果你没有被我公司录取，你会怎么办？

我对自己的条件和能力充满信心，如果贵公司录取我做一名乘务员，我坚信我的工作表现一定不会令公司失望。如果贵公司没有录用我，说明我身上还有一些需要完善的地方，我会用继续努力来实现我心中的蓝天梦想。

（17）你对飞机上的老年乘客将如何服务？

对于独立能力较强的老年旅客，一般不需要太多的帮助，帮助太多有时会伤到老人的自尊心。对于身体不好体弱多病的老人，应给予特殊照顾，比如上飞机时帮助安排座位，主动介绍航行知识，介绍餐食种类并提供餐食等。

（18）你在学校参加过哪些社团组织？并担任什么职务？

我在学校参加过××文学社、××活动小组……。并在××文学社担任××职务、在××活动小组担任××职务……。

（19）谈谈你在生活或学习中有哪些让你感兴趣的事？

我很喜欢读励志书籍、名人传记和交朋友，也很热爱帮助人，还经常参加一些同学和好友组织的聚会活动，喜欢打乒乓球，也喜欢唱歌跳舞……

（20）你如何看待自己的这次面试？

我很希望这次能面试上，为了这次面试我做了很充分的准备，但是能否面试上心里确实没有底，因为大家都很优秀。如果这次能面试上，我将加倍努力工作，多向公司的同事们和同行们请教与学习，为公司贡献青春年华；假如面试不上，我也不会灰心，再接再厉争取下次的面试机会。我坚信功夫不负有心人，只要我肯用心就一定能够面试成功，走上理想的工作岗位。

2.航空面试中常见英文题目及答案（仅供参考）

（1）Why to become a flight attendant?

I dreamed to be a flight attendant since I was little.I like to serve others；I am bright and open by personality，especially like to communicate with others.I like to travel，so flight attendant is very suitable profession for me.

（2）What do you know about working for airline companies specifically?

I have done lots of studies on the airline profession，and I know that airline profession is not as some people thought of：appealing appearance，elegant uniform plus good salary.Airline professionals provide caring services to passengers，employees need to be highly responsible，need to work diligently. I will do my best with my friendly smile and my sincerity.

（3）Do you have any special talents and hobbies? Can you demonstrate?

I love music and dance，and I have participated many performances in school.I can speak fluent English，and I am able to have conversation in English easily.（then demonstrate your talents in singing，dancing，and English conversation，etc.）

（4）At home do you often help your parents with the housework?

At home，I liked to help my parents with the housework，mopping the floor，washing the dishes，tidying up the rooms.I also often help my parents washingclothes，and cooking.

（5）If on the plane you encounter unreasonable passengers，what would you do?

First of all stay calm，can not be impatient，and handle it with sincerity.While providing services，I will listen to the suggestions of passengers，pay attention to the feedback of the passengers，take initiative in communicating with the passengers，and know the needs of passengers，let passengers feel the care of the crew to him or her，and subsequently resolve the conflicts.

（6）Have you thought about the toughness of being a flight attendant? If you are hired by my company，how are you going to be a qualified flight attendant?

Being flight attendant involves hard working，I am long prepared for that. If your company hires me，I will set serving customers whole heartily as my working philosophy.I will deal with customers with patience，with enthusiasm，with love and care. I will be responsible，not fear for hard work and provide the most satisfying service to the customers.

（7）Which qualities are required for flight attendants ?

First of all a flight attendant has to love his or hers job，being positive and optimistic，not afraid of challenges，ready to learn from his or hers superior and colleagues so to strengthen the knowledge in the field，think more and think more ways to do the work，strive to improve own service level, so to ensure the comfort and the safety of the customers during their journey.

(8) Do you have many friends in school?

I have many interests, enjoying making friends, so I have many friends when I was in college. With friends together, we talk, travel, watch movies, sing and dance. We got along and had fun..

(9) Talk about what you know about the company. What type of carriers and routes does the company have?

Your company is a ×× nature of the airline company, established in ×× years, is an airline company which has flight safety record for many years, it has great reputation for its services.The company has the model, have : the ××... Airlines have : ×× routes...

(10) Why do you enter the examination for this company?

Your company has many years of flight safety record, the society reckons the excellent services of the company.This is mainly why I choose to work for this company.

(11) If two airline companies accept you, which one will you choose ?

If two airlines want to hire me, I would be very happy, and very grateful for their trust in me.However to make a choice, I will need to see which company is more suitable for me, and which company can provide better growth environment and working platform.

(12) What are your strengths? And what are your weaknesses? How are you going to overcome these weaknesses?

My strength is that I am cheerful, easy to get along with people, understanding others, usually I have a lot of good friends.One of my weaknesses is being candid, which sometimes can offend people. But I love airline service work, I am willing to overcome my weaknesses, to strengthen the learning and professional training, to improve self control ability. I believe I can deal with varies issues with customers.

(13) A child on the plane cries without stopping, how will you deal with it?

First I will check with the parent passengers, whether the child is sick, whether the child needs to drink water or milk ; if necessary the team will provide immediate help. If we have children's toys, we can present children with the toys.We can also take the child to the service area so as to bring the child to a different environment. If there are unoccupied seats, we can also help the child to take the seat in the less occupied area.

(14) In case a passenger suddenly gets ill, how will you deal with it?

First I will report to the head of the crew, and then broadcast and see whether there is a doctor on board and ask the doctor to help dealing with the situation. If the situation is serious and urgent, I should immediately inform the captain.The captain can decide whether to take emergency landing.

（15）Which do you think is more important family or work? Why?

I think that both are important. Because the family is the driving force for a person's work；family can make one do his or hers job more at ease，and work ensures on the other hand the quality of the family life. One enhances the other，and one brings out the best of the other.

（16）If you are not hired by my company，what would you do?

I am confident about my credentials and capability. If your company decided to hire me as a flight attendant，I believe that my performance won't let the company down. If your company decides not to hire me，that means I have to improve in some areas，and I will continue to work hard to achieve my blue-sky dream.

（17）How will you serve the elderly passengers on board?

For independent capable elderly passengers，generally there is no need to help much，sometimes too much help can hurt their pride. For those who are weak and sick，we should give special care. For example，help arranging seats to board the plane，introduce common knowledge of flying，explain about the options for the meals as well as bringing the meals.

（18）What community organizations have you joined? What is your position?

At school I participated in ×× literature club，×× activity group，and so on. And acted in the ×× literature club as a ×× position，in ×× activity group as ×× position，

（19）Talk about things that interest you in your life or study.

I like reading biographies and other inspirational books，I like making friends，also love to help people，often participate gatherings with classmates and friends，enjoy playing table tennis，like singing and dancing.

（20）What do you think about this interview?

I do hope this interview is successful. For the interview I prepared quite well，although I am not sure whether I made it，everyone is excellent. If I made it，I will double the efforts in my work，and learn well from the colleagues and give my youth to the company.If not，I will not give up，and will try again for the next interview. I firmly believe that，as long as I have the strong will，I will pass the interview and get my ideal job.

三、疑难问题如何处理及应对

1.疑难问题的表现

在航空面试的问题应答环节，由于平时的准备不周或者是在现场而紧张，不是每一个问题都能够让每一位面试者完全清楚或领会。常出现两种尴尬局面：一种情形是，有些题目内容平时准备得滚瓜烂熟，可当面试官提出这个问题时，却怎么也想不起来了，话到嘴边了就是说不好，心里十分着急，有时面试官也替面试者着急，甚至会对问题再

次重复一次，越是这样越紧张，想到答案了却是时间不等人；另一种情形是，对考官提出的问题张冠李戴，完全曲解题意，不知自己回答是否清楚，表情困窘得让人发笑，这种情况大多是平时准备得不充分或者是根本就没有准备到这些题目上。

像这种对所问问题回答不上来的情况，一般可视为碰到了面试的疑难性问题。如果不对这类问题的发生想办法缓解，确实会影响到个人的面试得分，难以保证会有一个良好如意的面试结果。一般来讲，当在面试中出现这种情况时，如果没有找到及时应对与处理问题的回答方法，有一个问题回答不上来时，整个人马上就会显得有些失落；如果没有注意将情绪立即调整或转换，接下来就会产生更多的情绪反应，甚至情绪低落，这场面试自己只能是作为大家的陪衬，加大了别人的胜数。

2.疑难问题的处理与应对

处理与应对疑难问题的方法，除了平时的面试前期准备到位以外，在现场也要有恰当和灵活机智的处理与应对问题回答的艺术性。这样可以为自己赢得不少掌声和赞许，尽量地减少或避免过多地丢分和对自己的负面影响。

假如当面试官发问时，面试者突然感觉心口怦怦地跳，十分紧张时，可以适当地转移视线，眼睛朝向主席台的后方无人区，用耳朵认真地听着问题。若真是没有完全听清楚，可以说"对不起，希望这个问题再重复一次"，这样可以让自己放松和镇静，让心跳平和下来，然后回答熟悉的问题时就自然而然会顺畅许多。

当面试官一下子问到了自己没有准备的陌生问题时，首先最重要的就是不能心慌意乱，可做稍微思考，然后说"您好，我可以这样理解这个问题吗？"，接着说出答案。或者可根据问题的类型分别应对与处理。

如果涉及真实数据和确切情况之类的回答内容，比如请面试者谈谈对本公司了解到的具体情况，再比如问本公司有哪些机型和航线等，这些问题有印象就试着回答，若真没有任何感觉也不要瞎胡说答案，可以说"对不起，这个问题我以前确实没有关注到，不过以后我一定会去认真地弄明白"。即使是这个问题自己没有回答上来，也不至于让考官对个人产生逆反心理或者不必要的其他看法。

某些不熟悉的问题，只要自己具有一定的承受能力和理智心理，一般不会出现一点也回答不出来的状况。比如问："听到你介绍你的优点，请谈谈你有哪些缺点"；问："你以后准备如何克服这些缺点"；再比如问："你认为自己比别人适合这项工作的理由是什么"等问题。

3.正确看待和理解疑难问题回答

对于以上种种可能出现的疑难问题，只要表现出足够的诚意，即便是回答得不尽如人意，也不要表现出灰心丧气的样子，乱了方寸和阵脚，让面试官对自己产生不正常的看法。一个问题回答得不理想并不能代表所有的条件都不合格，就确定自己全完了，而是要鼓励自己在接下来的环节中有更好的发挥与表现，这样才能失小节不失大局，完成好所有面试的项目，保证这次的面试机会。

航空面试的过程中，会碰到各种各样的问题，但通常会有常规性问题和思考性问题。纵使题目繁多，只要准备得周全，加上回答问题时掌握核心与要领，即使有疑难问题也不会被难倒。不过在回答英文问题时，一定要用词准确，不能闹笑话或者词不达意，让面试官产生误解。

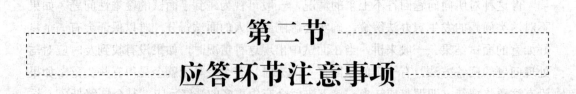

第二节
应答环节注意事项

航空面试中的提问与应答环节，因为有很多不确定性的临场突发因素存在，如场地环境、现场氛围、人为情绪、问题疑难度等临时性的状况，在一定程度上左右着个人的应答发挥，能否做到百分之百令人满意或者有百尺竿头更进一步的超常表现，还要看每个人自身的具体情况。不过，只要把握好回答问题的几点注意事项，对这个环节会有一定的帮助。

一、把握住问题的核心

1.问题核心点阐述

所谓"问题的核心"，就是所问问题的关键点在哪里，这必然要求回答的内容必须包含有关键点的内容。除此之外，其他表述里，如果没有很明显地回答出面试官所问问题的关键部分，都不可能得到满分。

例如问："你为什么想当一名空乘人员？"

回答："我喜欢乘飞机。"显然所答就偏离了本题的"核心"要求。

如果这样回答："这是我从小就有的梦想，我性格开朗，善于和他人沟通，喜欢为他人服务……"就直接地抓住了问题的核心，这样的回答才能令面试官满意，因为是符合这个岗位确切需要的条件理由。

再如问："请谈谈你有怎样的个性？"

回答："我好强、自信、从不认输……"就不是很合适。

若像这样回答："我热情大方，心地善良，喜欢关心和帮助别人，是一个有责任心的人……"就比较好。

2.把握好问题核心点的诀窍

要把握好所问的每一个问题的核心点，就要在平时多练习，以便掌握可能要问到的问题答案。要想知道问这个问题的目的是什么，为什么要问这样的问题，首先就必须弄清楚自己面试的是什么岗位，这个岗位对人才有什么样的要求，具备的素质条件是什么。只有明白了面试问题出处的原因，就找到了对应的问题所在，进而也就不难想到所问问题该如何回答才能圆满。

要想成就自己的工作理想，回答每一道问题时都要用心。无论是哪方面的问题，围绕面试岗位回答问题一定错不了。当然是在良好的前期准备情况下，凭空捏造或临时想象，都不可能成就一份理想工作的面试结果。

3.回答叙述性问题的技巧

无论是哪家航空公司，在招聘航空服务人才时都有他们自己预先设定的条件、标准。这些条件、标准大致上大同小异，无非是面试的程序复杂还是简单，对所提问题范围的大小或问题的多少。如果在面试之前就已经做好了必要的准备，那么在面试时就可减少遗憾或避免失态。

所谓叙述性问题即是被考官要求讲述自己的家庭、学校或学习和生活中的一些故事。在讲自己熟悉与发生在自身的故事时，要注意讲究叙述的秩序性，一定要条理分明。在此介绍这方面的回答技巧和掌握原则。

（1）要掌握一般航空公司招聘航空服务人员的几点特质要求：

① 诚实和信赖；

② 热情与自信；

③ 姿态及爱心；

④ 聆听与沟通方式；

⑤ 主动性及活力；

⑥ 团队意识和组织能力。

这几个特质是航空公司招用人时必须考虑的起码要求。

（2）在面试中，有时主考官会要求面试者做一个完整故事的叙述性回答。在面试前做这方面的准备时，首先可以拟定几个常问的问题，写好回答内容，然后有条理地从过去阐述到现在，或者从前到后或上到下的顺序结构来设计叙述方式。答案的内容一般包括如下要点：

① 开头　明确时间、地点等。

② 中间　叙述整个故事发展，要简单扼要，围绕题干，千万不能离题太远。

③ 结束　可以阐明从这个故事中学习或领悟到了什么，还有个人的总结与思考等。

内容写好后，可以在试着讲述中一边感受一边调整与修改。有条件的话可以把个人试讲的场景录下来，反复观看，然后再完善。也可以请家人及朋友给一些诚恳的意见或建议。但在这个环节中要强调的是所叙述的故事中，必然要包含航空公司所期望的个人特质，故事叙述内容一定要按照这个思路来展开，否则就没有太大的实际意义。

（3）在回答叙述性问题的细节时，还要注意做到以下几点。

① 精神放松，面带微笑，从容自然，表情亲切。

② 在回答问题前如果有些紧张，可以稍稍放松一下心情，呼一口气，调整好状态再进行，但时间不能拖得过长。

③ 语音清晰，有条不紊地进行。可以稍有停顿，但不可颠三倒四。

④ 如在叙述中面试官突然打断面试者的回答，并要求面试者回答由面试者所答内容而延伸的其他的问题时，千万不要感到有什么不对劲，也不要露出惊异及慌张的神情，

要镇定自若，等面试官问完了再接着叙述。这很有可能是面试官有意安排的插曲，也有可能是面试官想进一步试探面试者其他方面的素质。

二、问题回答清楚规范

还要特别强调的是，在回答问题时，千万不要绕出一大堆不沾边的内容来。这不仅耽搁回答问题的宝贵时间，有时还会引起面试官不耐烦的情绪。所以回答问题绝不可掉以轻心，要听清楚所问问题，准确回答问题。清楚回答问题是应答环节所要掌握的基本原则，闪烁其词或者含糊不清都不行。

尽量克服："嗯……嗯……"；"我想……我想……"；"我认为……我认为……"。

"嗯"了半天没有内容，"想"了很长时间也没有"想"好和把"认为"的意思讲出来，吞吞吐吐说出来的内容不连贯，让人听不明白是不能够达到面试官要求的。

避免使用现在流行或热传的网络语言。现在的网络语在年轻人中很流行，在日常的交流中十分走俏，不会说上几句网语，简直就是落伍，是要被旁人笑话的。但是在这里要提醒的是，在正式的航空面试场合，一定要杜绝使用此类语言。因为网络语言毕竟不是国家规定和倡导的常规性使用语言，面试中要正确使用国家提倡的规范化汉语文字来表述和回答所有的问题，这是一个人对待面试的起码态度。

三、回答问题态度端正

个别面试者在回答问题得不到面试官的有效肯定时，心里非常的不服气，自感回答得很合理，非想着找机会和面试官一争高低，强词夺理，态势十分地强硬。弄得面试官一时下不了台，面子上很难看。所以面试中一定要有端正的行为态度，清除以自我为中心。对某个问题回答得是否切题，面试官比面试者更清楚。

真是遇到发生在面试中的难以让自己理解和接受的问题，可以抽空或找适当的机会与面试官进行平心静气地沟通，绝不能有过激的行为和言语，这是一个人起码的成熟心理和办事觉悟。如果真是这样去找面试官友好真诚地交流，不仅不被面试官反感，说不定还会得到面试官的青睐。面试者和蔼可亲的一面会更加充分地展现在面试官面前，也说不定能使面试者的心结不但能很快打开，还会有意料不到的好事发生在面试者的身上。

从面试者本身来讲，都必然达到了十八周岁或以上的年龄段，是成人了，就要有成人的理智。如果在面试场合如此的蛮横不讲道理，将来要是到了工作岗位上难保不会发生什么意想不到的事情来，有哪个航空公司敢要这样的人呢？

此外，回答问题要紧扣题意，特别回答叙述性问题时要以航空公司用人要求的素质条件为主线，不能尽说些没有用的内容。切忌长篇大论，找不到所想表达的中心实质。"以事论事，以题话题，题出有因，因关岗位"，这是航空面试中应答环节的答题要诀，也是回答问题所要掌握的关键点。必须关注航空面试应答环节要注意的各种事项，把握好问题的核心才能确保问题答而有效。

第三节
强化问题反应能力

一个人的反应能力在某种程度上直接影响与决定着面试的总体表现，特别应答这个环节尤其需要较好的临场反应。若反应能力强，在对问题的理解力以及答案的准确度都会提升；反之对问题的接受速度及答案内容的完整性很可能就不是那么的理想。所以注意加强个人的反应能力训练，养成良好的思考与学习习惯十分必要和有益。

一、养成良好的思考习惯

人体大脑对问题的反应能力，虽然因人而异，有先天性的因素，但很大程度上取决于个人在后天的开发、激活和利用。对于大脑反应能力的加强始终离不开连续不断有益的思考训练，绝不可能是面试到来前的快速提高或临场前几天的强行补充。思考能力也是一种不断推进的递增过程，养成良好的思考习惯是提高思考力的必要手段。

1.从书本阅读中启发思考力

"书籍是人类进步的阶梯"，高尔基的这句至理名言不知激励过多少的青年学子们。在学习知识、渴望提高自我的道路上，因读书而受益良多，也因读一本有用的好书而终身受益。所以说"书籍是人类的良师益友"。人们的精神与思想世界里假若没有书籍的陪伴将会是多么的贫瘠和无助啊。读书不仅可以增长知识，丰富语言，同样可以增强思考力。当阅览过一定量的专业书籍，对专业面的认识宽度和理解层次也必然不同。随着对专业理解的逐步加深，对这个行业的认识理念不再受当初浅显的那点思维限制，经大脑思考所勾勒出来的对专业的描述内容也是更为深刻和广泛的，就必定意味着对专业的思考能力在提高。有了这方面一定程度上的思考力，在任何场所和场合，一旦涉及专业的知识范畴，人的反应能力就会在瞬间激活，用直观的语言表述出来。

有的人总觉得阅读很费时间和功夫，不如上网看看来的方便与简单。确实现在的网络科技极为发达，信息化与数字化正在改变人们的阅读方式。然而在这里不得不说的是，网络上快餐化的阅读方式难以和书本的阅读效果相提并论。一方面是由于网络中的大量信息吸引眼球，难以集中精力和安定心思；另一方面，网络中的知识受版权和知识产权的约束毕竟有限，不可能满足所有的需要，也达不到提升思考力的真正效果。

建议阅读一些专业相关类、励志类、名人传记类、成语类、名著类、童话寓言类等书籍，增长知识、陶冶情操、积累语言、激发爱心、成长心智、拓宽胸襟，提高个人对问题的思考与理解能力，增加个人对专业问题反应的灵敏度。

2.在交流言谈中启发思考力

如果说书本的阅读是一个人加强思考能力的必要方法，那么还有一个好方法就是多和别人进行言语的互动与交流。多听可以吸收别人的知识，多交流可以看清问题深层次的内涵。无论是以怎样的交流方式，课堂讨论、课下互动、课外练习、课后参观与考察等都是很好的启发思考力可采取的必要措施。

平时除了在校园内进行专业的学习与练习外，也很有必要到机场进行实地观摩了解，眼见为实。在和机场工作人员进行沟通交流的过程中，对航空公司日常的工作流程和各岗位工作的职责内容有直观认识，这对于加强自我思考与理解力会有很大的帮助。

3.培养良好的思考习惯

论语《为政》篇中有"学而不思则罔，思而不学则殆"之论，这句话的意思是说一味的读书而不去动脑思考，就读不明白，还会被书本所困惑；只是一味地空想而不肯通过学习来提高自己，到头来一无所获，必然无用。所以在思考中学习、在学习中思考，才是通过读书到达知识应用彼岸的最佳途径。养成良好的思考习惯，是每一个人提升自我、升华自我、用所学成就自我的良方秘诀。否则就不可能让所学的学问举一反三、融会贯通，不可能为自己所拥有，也不可能灵活应变、临场发挥，让学有所用。

孔子曰："吾尝终日不食，终夜不寝，以思无益，不如学也。"子夏曰："博学而笃志，切问而近思，仁在其中矣。"这些都是强调学习与思考相结合的重要性，也对今天的学习者是一个很好的启迪与警醒，以免陷入"死学或学死"的境地难以自拔，误了自己。

西方的哲人康德也说过"感性无知性则盲，知性无感性则空"，这与"学而不思则罔，思而不学则殆"的意思惊人的一致。可见人类在知识的认知和获取上，不论地域、种族如何差异，其根本性的原则是相通和统一的，足见培养个人良好的思考习惯是多么的重要。

二、拓宽个人专业知识面

从一定层面上讲，专业知识面的宽窄与专业素养的深浅是一个人对专业问题思考与反应能力的基础。积累的专业知识越多，对专业的理解越深，对专业问题的应答就越靠近专业要求，和面试岗位贴得更近，越让人听起来舒坦，这是面试者和面试官都想要的结果。

若个人不去想方设法地通过个人的自觉性学习，只局限于每天在课堂上的那几十分钟，即便是接受能力再强的人，也很难把所学的知识全部吃透或理解到位。时代在变化、行业在变化，相对应的行业规范、专业规定也随时随地的更新与改进。所以不能受制于专业知识的狭隘，而是要适当地拓宽与延展。

个人专业知识不仅仅是体现在专业内涵上的一些规定的基本动作和操作层面，同时还体现在专业外延上的个人专业素质修养与关爱帮助他人的自觉心理与主动意识层面。所谓的专业能力具备应是两者的完美结合。专业行为并不是机械化地动作模仿和条款执行，它应包含个人的思想、精神、性情、言语和心理。航空公司人员工作的目的就是要让顾客感受到温暖与体贴。

航空公司盈利奇招

1.为省油航空职员减体重

据英国《每日邮报》报道，随着世界范围内的油价不断上涨，节约飞行成本就成了所有航空公司的一项重要工作。

欧洲最大的廉价航空公司，爱尔兰瑞安航空公司（英文：Ryan air）ISEQ：RYA LSE：RYA NASDAQ：RYAAY拥有209条廉价航线，遍布欧洲17个国家的94个目的地。尽管多年以来它已经逐步发展成为世界上最赚钱的航空公司，但为了保住公司利润不被高昂的油价吞食，也不得不采取一些创新的招数降低成本。

瑞安航空公司发言人麦克纳马拉（Stephen.McNamara）称，瑞安航空公司职员被要求注意个人的体重，以减轻飞机的总重量来降低运营成本，并以体重保持者能登上公司日历作为激励的长效措施。

此外，该公司还将缩小机上杂志的尺寸，减少冰镇饮料供应量。此项最新策略在瑞安航空的飞行杂志《随瑞安一起出行》上面得到事实见证，该杂志纸张从A4缩小为A5，并把杂志底面作菜单使用，降低纸的重量，节省飞行燃油。

2.为留客投巨资翻新休息室

据《今日美国》报道，随着燃油价格的上涨，机票价格也随之提高，为了安抚顾客对价格抱怨，留住重要的商务旅客，航空公司不惜花费数百万美元翻新机场休息室，试图通过改善机场休息室作为建立顾客品牌忠诚度的重要组成部分。

在美航旗舰俱乐部（American Airlines Admiral Club）的网站上罗列的服务亮点包括免费无线上网、温泉淋浴、免费咖啡饮料、甚至提供儿童游乐区等。而达美天空俱乐部（Delta Sky Club）则提供免费啤酒、葡萄酒、烈酒和小吃，以及提供免费无线上网和计算机房等。而加入常旅客俱乐部和使用机场休息室则需要支付会费。为了使费用尽量降低，美航旗舰俱乐部推出了一日会员和包月会员制度。其他的航空公司也提供类似的一日会员服务。因为常旅客俱乐部是顾客自主选择的收费项目，这项费用也像其他许多费用诸如行李费、选座费和零食费等一样计入航空公司的收入账目上。

另据《福布斯》杂志报道，英国航空（British Airways）在纽约纽瓦克国际机场新开了一间以完整的正餐体验和大量的附加服务为特色的画廊休息室。而达美航空最新发布的消息称，其将在纽约拉瓜迪亚机场的休息室内提供五种不同种类的特色晚餐，以配合新的大型航班计划，服务不同类型的旅客群，满足他们需要的同时愉悦他们的心情，吸引他们对本航空公司的经常光顾。

MSNBC报道称，调查显示只有不到半数的常旅客对飞行体验表示满意。但报道同时指出，2011年航空业在总体业务水平上是具有标志性意义的一年。将来机场休息室会发展成为航空公司吸引旅客的另一种手段，花样繁多的休息室活动项目也会应运而生。

三、树立正确的专业理念

专业理念也可以理解为他人观念与团队意识。很明显，无论在航空公司的哪个岗位上工作，都是整个航空公司人员队伍中的一分子，个人行为往往会被人当作团队行为来要求和看待。个人言谈举止，影响到的不仅是个人，有可能会是整个团队的荣誉和诚信。言行稍不注意或行为失策，会牵一动百，甚至是波及所在的部门以及所在的航空公司。所以，一个航空公司的工作人员说话办事，脑子里想到的、嘴上说出来的或行动作为，不能只是考虑个人利益，处处偏向个人的一边。关于这一点，航空公司在面试时，也是非常重要的一项内容，进而对每一个面试者进行专业理念的揣摩及观测。

树立正确的专业理念同样不要认为要到工作岗位上才去这样做，而是从选择专业进入学校的那一刻起就应该知道和有所准备。不管对现在的专业学习或将来想要从事的航空工作抱有怎样的期望和厚爱；不论内心有多么的自信与坚定，专业训练多么的努力与勤奋；也不论是多么用心地为面试做准备，绝对要记住的是，一定不能忽略团队协作意识，个人心中一定要有大局观念，这是航空从业人员必须具有的最基本原则。

航空专业理念可以用和蔼、亲切、友好、团结、帮助、关爱、体察、警觉、细腻、周到、规范、服从、坚守、微笑、快乐、创新、进步等一些美好动听的字眼来诠释，要把这些闪闪发光的字眼带到航空面试的现场。具体体现在应答语言里，从音容笑貌中传达到航空公司每一个面试官的耳目中，溶解与定格在他们的心中。

俗话说习惯成自然。通过坚持一贯的阅读与思考训练，多和别人进行专业上的有益请教与交流，勤于钻研与开拓专业学习思路，树立正确的专业理念，定会大大有助于个人对面试问题的反应能力和理解度提升，无形中也会推动个人走向面试的成功之路。

❓ 思考练习题

1. 谈谈关注航空面试应答环节的重要性？
2. 如何提升个人对问题反应与回答能力？
3. 回答面试官提问时要注意哪些事项？
4. 怎样回答好叙述性问题？
5. 谈谈个人对专业理念的理解？

第 四 章

航空面试的通关要述

 学习目标

- ⊛ 清楚岗位确认的必要性。
- ⊛ 调整好面试心态。
- ⊛ 运用好肢体语言。
- ⊛ 模拟演练好面试过程。

在本书的前言曾经提到"航空面试技巧"是一个综合而复杂的命题，原因是其内容与环节中所牵涉的层面非常多，事实上也确实是如此。学习航空面试的技巧与方法，必须要有一颗踏踏实实的诚心，这关系到面试前、面试中的每一个步骤。岗位的确认、身心状态的调整、肢体语言的应用，还有模拟面试演练等环节都会起到有助于面试过关的作用。要想比别人赢得更大的面试成功概率，就不能用一些粗枝大叶的思维或走极端的想法掩饰必要的过程。

第一节
面试岗位的确认

对面试岗位的确认，其目的就是为了帮助自己尽量减轻面试压力，删除一些模棱两可的影响自我冲刺的动力因素，透过心中的清晰方向，让看似无底的面试在自己这里变得有边有界，进而有信心、有准则，轻松上阵。有的人一想到面试或工作，头脑就开始混乱不清，害怕这个又担心那个，心理一直处于高度紧张的状态，难以平复，这样势必影响到面试本该有的正常心情。

本节主要内容就是通过对岗位的自我认同，对自己有一个明明白白的真实告知，让自己可以放下心来，愉快地参加面试。

一、岗位确认的必要性

岗位确认是一个人对自己求职的首要关注点。要明白航空公司的面试并非针对空中乘务这一个岗位，一般都是综合性的岗位面试，即便是参加空乘人员面试，也并不排除公司会根据具体情况录用到其他工作岗位的可能性。很有可能学习空乘专业的人，不见得将来就一定能在空乘岗位上就业，必须要有这方面的心理准备。

只有当个人的心理接受了航空公司招聘面试的方式，才会使得个人对求职面试更加重视，求职的希望就会变大，就业的岗位就会变多，可供自己选择的工作机会更加宽泛。然而岗位的竞争也会随之而来，必然要求求职者在面试时做到百分之百的努力争取。面试场上不能是随大流或跟着感觉走，和大家一起凑热闹的那般轻描淡写的表现肯定难以见效。必须是真心实意地接招与应对，这样才有打败对手求职成功的可能。对岗位的必要确认或认同会明显地增加个人的面试动力，帮助个人在认识上激浊扬清，奋力一搏。

图4-1展示的是岗位形象。

二、岗位的认同感

1.关于岗位认同感
假若报名面试的工作是面试者个人真心想要和喜欢的，这个岗位对面试者充满着诱

图4-1　岗位形象组图

感力，或者内心对这个工作岗位很有信心和好奇感，就会想方设法地创造条件去争取，再或者说通过别人的介绍以及个人的接触、了解和认识，认为这个工作岗位很适合自己，如果面试上了一定能做得很好等等，都能说明面试者对这个工作岗位有了一定的认同感。

对工作岗位的认同感，是将来能否心甘情愿地为这份工作付出个人的精力、时间、耐心的基础，也是能否有信心做好这份工作的首要前提和力量源泉。否则即便走上了这个工作岗位，也无法坚持长久，也不可能做出理想的工作业绩来。

2. 面试中的岗位认同感

心里愿意从事某项工作，对这个工作有了自己的认同感，就会表现出对这份工作的极大热情和兴趣，会很自信、很谨慎地做好每一个动作，回答好每一个问题。

航空公司在面试人才时必然会问到面试者对所面试岗位的认同感；为什么个人会选择这份工作；从事这份工作的最大优势和长处在哪里等相关方面的问题。这也是每个人在选择报名面试航空工作时必须要过的个人心理关和理性认识关。

可以说先有认同感才有适合度，工作适合才有可能争取到面试通过的起码机会。如果打心里就根本不认同这个工作岗位，对这个岗位的工作内容和性质一无所知，面试前就没有兴趣了解和关注，也无从谈及在面试中的良好表现。换句话说，认同感才是积极争取与设法获得航空工作岗位的先决条件。

3. 对工作岗位的理解

当面试者在面试航空公司某个岗位之前，首先要对面试应聘的岗位工作内容和职责进行必要的了解，回答的结果才能更加贴切与真实。所以应聘和面试某个岗位，一定是越理解这个岗位，越能让面试官感觉满意。只要面试官感到满意了，离自己心里想要的满意工作就又近了一步。

三、了解面试公司

有时在面试中会发现这样的情形，要求面试者谈谈对本公司基本概况时，总是有些人会被问得面红耳赤，半天说不出话来，连公司的全称都忘了叫什么。这种情况下有时可能是因为过于紧张，一时不知所措，但也很可能是因为把注意力全部都集中在个人身上了，根本就没有心思关注公司的情况。给人的感觉就好似对自己的求职面试很草率，没有诚意。

如果事先能关注到所面试公司的情况，掌握一些具体的信息资料，当被问到这些内容时就可以顺理成章地说出来，这可能还会让面试官因面试者的用心准备而刮目相看。这些都是求职者面试时要基本掌握和了解的，不可不去做，更不可不愿做，否则无缘这份工作。

1. 搜集应聘航空公司的资料

知己知彼，方能百战百胜。在面试之前，应聘者要对自己所应聘航空公司的基本情况进行必要了解，搜集相关的资料信息，并对此次公布的招聘岗位的具体情况了如指掌。一是便于个人的多种选择；二是有了这些充分的资料准备，即便"临场发挥"也会相当精彩和出色。

航空公司的背景资料包括航空公司名称的读音和准确写法、公司性质、负责人是谁、具体航线有哪些、航空公司的企业文化、成立的时间、规模和声誉、工作条件、待遇薪酬以及航空公司发生的关键事件等。对应聘的航空公司了解得越多，心里越有把握。

应聘职位情况包括应聘职位的职位名称、工作内容和任职要求等。

以上资料信息可以从这几个方面获得：进入各大航空公司的网站查找；如果不知道网站，可以在网上直接搜索。也可以通过专业老师和学校就业办进行咨询，通过相关报道、有效渠道了解。

2. 对搜集资料进行归纳整理

当面试者对一家航空公司的资料收集了一大堆时，不可能全部都记得住。即使都能记住，面试时也没有那么多的时间留给面试者全部讲出来，所以要进行必要的归纳与整理。把公司的大致状况用两三百字左右的短文概括清楚，简明扼要，这样又比较容易记住，面试回答时也能方便地脱口而出。切记公司成立时间和规模声誉不能遗漏，另外把公司理念和大事件记清楚。

四、确认岗位选择

在面试之前，应聘者除了要对应聘单位做相关了解，同时也要对自身做一个客观的判断，发现自己的优势和不足，兴趣与潜能，职业适应性等关系重大的个人特征，以应对面试，因为这些都是选择工作的必要依据和基础。假如自己的各方面条件确实都比较优秀，完全符合空乘人员的各项标准要求，同时又对空乘工作兴趣盎然，那就朝着空乘岗位下足功夫争取；如果按照空乘人员的要求条件稍逊，有提高的余地和空间，那就努力提高再提高，直到被录用上岗，或者再有其他的岗位备选，尽快入职。

前面已经讲到航空公司面试人才并不一定是指特定的某一个或某一种工作岗位，大多是一个综合的岗位面试程序，包含地面和空中的航空服务类工作岗位。所以这时为了保证入职率的提升，建议不妨根据个人的自身条件综合评判自己的求职选择，为自己多备几套方案。可以考虑除了空乘外还有哪些岗位自己感觉到还比较不错，对比排列出自己的认可秩序。把选中岗位的具体工作内容和工作职责弄清楚，当面试官问到自己对工作的选择这个问题时，就可以明确地说出自己有准备的想法，先是什么后是什么或者只愿意怎么样等，不至于因没有思想准备或没有想过此类的问题而被问倒或者不知所措、语无伦次。

航空公司面试时有时会故意地试探面试者的真实想法，如问除了这个岗位还是否愿意选择其他的工作。这时千万不能有所顾虑或犹豫不决，吞吞吐吐。要说清楚自己的内心意愿和期望，让他们明白自己的选择，以便给自己机会或留条后路做好预留岗和预备岗的对接。

岗位确认不是表现给面试官或他人看的，而是自己对自己工作选择的一次负责任的告白和担当，是一种踏实和成熟的表现。所以建议在面试前首先要对自己的任职岗位选择一个明确的认同感，这样在面试中才会更加理性和坦然，没有那么多的思前想后的心情游离状态。如果只凭一股心血来潮的劲，三分钟热度，就是面试上了空乘恐怕也干不了太久。

延伸阅读

大飞机时代

2017年5月5日，随着国产大飞机C919在上海浦东国际机场的上空试飞成功，标志着我国的航空事业已经进入到了一个崭新的历史阶段——大飞机时代。C919大型客机是我国首次按照国际适航标准研制的150座级干线客机，是我国民用航空工业发展的重要里程碑，将带动整个民航配套产业的新升级。

C919客舱宽敞，舒适度高，载客量大，飞行性能好。据报道，总设计师吴光辉说这是我国自主设计的干线客机，机头、机身、机尾、机翼等外面的"壳子"来自我国的成都飞机工业（集团有限责任公司）、洪都（航空工业集团）、沈阳飞机工业集团、西安飞机工业（集团）有限责任公司等企业，C919客机整体设计拥有完全自主知识产权。宽大明亮的客舱将给乘客带来更多的舒适空间，高效空气过滤系统将提供给乘客更高品质的新鲜空气，还有人性化的情景照明设计，让乘客更能感受到乘机时的那分温馨周到的飞行环境。

期待以后的C929、C939、C949、C959更多惊喜……

大飞机时代的到来，同时也标志着我国航空事业人才的大发展时期的涌现，让我们伸开双臂，迎接未来的新岗位、新职业、新事业、新发展！

第二节
身心状态调整

近年来，随着航空业竞争日益激烈，对人才的选拔条件越来越苛刻，入职的门槛也相对应地一再提高，特别是几家大的航空公司更是注重人才的综合素质要求。在这种严格的条件要求下，面试官势必会在面试时设置很多关卡，如多轮面试、多人面试、多专业面试。用人单位目的是选拔出最适合的人才，从而保证招聘质量。竞争激烈、面试难度大自然会给面试者带来一些意想不到的心理压力和多重障碍。没有一个好的心理状态，很难应对面试场上的各种险关。所以对于面试者来说，在面试前整好心态，才能以最佳的状态进入面试。

本节着重从面试前的思想、心理状态如何放松与调整以及身体调养等几方面，阐述面试前关注个人身心情况的必要性。

一、思想放松

"思想放松"就是不去思与想太多还没有出现的事，腾空大脑，不带任何多余的负担上场。至于面试的好坏程度，其结果好何，那是谁也预料不到的。因为面试是一个动态的过程，随时都有可能发生一些想象不到的状况，不在于自己想还是不想，想多想少，期望怎样，而只在于自己平时学习训练的用心是否到位，准备得是否充分。

1.不去假想面试结果

这样做的目的是为减轻面试前的紧张情绪和不必要的负面想法，只要掌握得够好就不用担心面试的结果。而有的人就喜欢胡乱猜想，未面试就已经为自己假定好了面试的结局。一种情况是大多数的人可能会去想自己万一面试不上该怎么办？还有一种情况就是有的人急于求成，恨不得一次面试就能马上到航空公司上班，只能成功不能失败。于是越想就越着急害怕，紧接着就会产生一系列的大脑反应，吃不好睡不着，心神不定起来。这样不仅无益于面试，甚至有可能会严重地影响到面试。航空面试考的是实力，不是幻境，首先就要对自己的一些思想垃圾进行及时的清理，轻松上阵。

2.客观地看待自我

让思想放松的第二个方法就是客观理性地自我对待。一是不去和别人比较，不去判断与评价别人的能力水平比自己强或者有哪些地方不如自己；二是中立思想，意思就是努力争取这次面试上，如果万一面试不上还有下次机会，不给自己额外地施加压力，平和地看待面试是面试的最佳思想状态。相信只要准备得当，定会表现出众。

二、心态调整

很多平时表现优秀的面试者，在面试场上被刷下的例子比比皆是。心理状态能决定一个人说话、做事及行为结果，所以面试前的心理调整就显得尤其重要。如果说面试者的知识水平是面试成功的硬件，那么面试前心态的平衡就是取得理想面试结果的软件。面试前满不在乎或是过度看重的心态都是不妥当的。

1.克服不良心态

（1）自视甚高的心态

有些人常把自己估计过高，自认为学历、能力，甚至长相都不错，用人单位肯定人见人爱，自然顺利通过。当他（她）一旦站在聘用单位诸考官面前，那种自以为了不起的神态，高高在上的举止言行就会引起对方的戒心，让人感觉其人不够成熟难以担当。自视甚高实际上就等于自轻，因为面试不是个人说了算。

（2）无所谓的心态

有些人压根也不把面试当回事，在面试时，表现出大大咧咧，满不在乎的神态。回答任何问题都不够正经，马马虎虎。既不认真巧妙地推销自己，把个人应聘的优越条件讲全、讲透，也不去认真地了解对方的实际需求，让自己尽可能地适应对方的口味。这种无所谓、碰运气的侥幸心态是面试的大忌，很难使面试获得成功。

（3）自惭形秽的心态

有的人还没正式面试就紧张、害怕，如果见到其他应聘者的学历、能力都比自己高时，更是自惭形秽。当面对面试考官时，抑制不住全身发抖、语言表达不清晰，甚至紧张得词不达意、张冠李戴。这种心态在面试时同样难以获得成功。

以上提到的这几种现象都是不正常的心理状态表现，在面试时要杜绝或克服。

2.调整好心态

求职者一旦具备了良好的心态，就会在面试时精神饱满、意气风发、充满自信，说起话来必是语意肯定、语气恳切，操纵言辞得心应手，激昂有力，侃侃而谈，可以感受到整个人内心的激情奔放和大脑思维逻辑的清晰，从而为成功应聘打下良好的基础。

（1）积极进取的心态

有积极进取心态的应聘者，会把每一个面试机会看成是千载难逢的好机遇。于是，会在面试前认真做好准备，打电话、查资料，对每一个可能要问的问题的细节都仔细思考一番。实践证明，面试准备得越充分，在面试时就越有可能发挥正常或超常。有这种积极心态的人，不怕负面消息的干扰。找工作其实是找机会，而机遇又从来不是唾手可得的。有的机遇往往是稍纵即逝，不去捕捉，定会错失良机。

（2）双向选择的心态

面试其实就是个双向选择的过程，航空公司在选择面试者的过程中，面试者同样也在选择航空公司。有了这种面试心态，面试者在精神上就占了上风，但是又不可趾高气扬表现这种心态。应以沉着、稳健的气势面对主考官的问题，自然能表现出一种不卑不亢的个人态度。

（3）输得起的心态

面试的时候不要把成败看得太重，不要老是想着面试结果。要把注意力放在和面试官谈话与回答问题上，这样就会大大消除紧张感，增强自信心。即使求职不成功，也不至于一无所获。可以分析面试的失败，找出失败的原因，得出宝贵的面试经验，以新的姿态迎接下一次的面试。所以面试前要经常提醒自己"胜败乃兵家常事"。如果这次面试不成功，还有下一次机会；这家航空公司不聘用自己，还有下一个航空公司面试的机会等着自己。

图4-2展示的是面试状态图。

图4-2　面试状态组图

三、身体调养

良好的身体状况，可以增强面试时的自信度。有些人在得知不久将要面试后，就开始紧张上火，晚上睡不好觉，白天吃不下饭，整个人无精打采，提不起精神，这样的身体状况是不适合参加面试的。首先从面部气色上或神情状况上就不过关，再者说万一要在面试场上发生一些身体不适的状况，会影响到整个面试进行，不是耽搁自己这么简单。因此注意面试前身体的调养，对于面试者来说也是非常有必要的。

面试前可以每天早上跑跑步，饭后散散步，看看大自然的景色，不仅能够激发出个人的好心情，还有利于身体的健康，另外还要注意睡眠质量和调整饮食结构。

1.保证睡眠质量

面试前，很多人都睡不好觉，固然这与面试前的紧张情绪有关。面试要来了，自己像上紧的发条，以至于只能在极度困顿时才能强行入眠。但关键原因还在于只想面试根本就没有去想面试需要一个怎样的好精神状态。以至于第二天早上起来时，一脸的疲惫不堪，眼睛里布满红红的血丝，既不美观也不必要，这些对面试都很不利。

这里给面试者介绍几个应对失眠的好方子（仅供参考）：

① 没有睡意时，大声朗诵一段诗歌或散文，愉悦心情，忘却烦事，很快睡觉。

② 看一篇童话故事或儿童画，开心一笑，马上入睡。

③ 听一段自己喜欢的音乐，消除不安的情绪，舒缓神情，安心入眠。

2.调整饮食

面试前的饮食调整也很重要。身体是精神的反射器，如果身体上出现了不正常的信号，精神上就会大打折扣。德国生理学家沃尔可·帕顿教授经长期研究后得出结论：香蕉等水果中含有一种可让人大脑产生血清基的物质，而血清基有安神和让人愉悦的作用。在面试前，不妨给自己适当地增加点水果的营养成分，少吃辛辣食物和一些小摊贩上经营的缺少卫生保障的东西，少吃凉的食物，以免造成拉肚子或意外生病，影响面试的正常进程。

四、环境净化

从心理学的角度上看，人的心理状态受制于环境的牵连，处在不同的环境中所表现出来的心理状态也是不一样的。面试前假如身处在一个低沉消极的环境中，总是听到别人说一些垂头丧气的话，心情也会跟着消极起来；如果身边尽是一些积极的人在说着愉快的事，心情自然也会跟着舒畅。所以面试前尽量多想开心事、多说开心话，首先不要自己去说一些不利于面试的话，如果听到别人在讲一要劝阻，二要避开。多和乐观向上的人接触，多向那些已经就业上岗的师姐、师哥们学习面试的经验和心得，为己所用。

另外，面试前的心理状态在一定程度上决定着面试的成败，充分的准备加上良好的心态才能取得较好的面试结果。所以建议即将参加面试的学员们要抛弃一切思想杂念、不去想东想西，也不要患得患失；吃好睡好，保持心情愉快。

第三节
肢体语言的运用

在航空面试中，适当地运用好自身的肢体语言，透过肢体语言无声地传达出个人内心的温柔敦厚和谦恭礼让的姿态与素养，会带给人一种成熟和魅力感。而这些也是岗位所需要的，这样做定会赢得面试官更多赏识的目光。不过运用时也要注意其中的细节，做到恰如其分。

本节着重讲述在面试中如何运用好肢体语言，怎样使倾听变得让人喜欢和接受等内容。

一、目光关注

人们常说"眼睛是心灵的窗户",透过一个人的目光就可以观察其内心世界的活动,而这样的事实早已被人类证实和普遍运用于日常的生活中。如形容一个人对事物的看法就有"目光远大"和"目光短浅"之说;而形容一个人的表现就有"目中无人"或"目光如炬"之语;再比如形容一个人的机敏就用"眼观六路"之词等。由此可见,目光对于一个人行事的重要价值。掌握好目光的巧妙运用,不但能获得对方的好感,为自己赢得不少的尊荣,而且还有可能为自己带来意想不到的好运气。

1.关于目光关注

在面试中,如何与台下或前面的面试官做到融洽地沟通与交流,让他们直接地接收到面试者此时此刻最真实和想表达的心里信号,除了语言就是肢体动作。而肢体动作中最好运用和最有杀伤力的武器就是眼睛里迸射出来那束充满神奇魔力的目光。

目光关注不是为表现自己,故作的挤眉弄眼,更不是为了讨好他人而有意暗送秋波,当然也不应该为显示自信装作的视若无睹。目光关注其实就是用目光和别人平和友好地打招呼,就像平时见面时人们习惯上所说的"您好"一样自然亲切,双方都感觉舒服,不别扭,甚至会有一种和蔼、和睦、和善、和气的意思在其中,让面试官觉得面试者是在尽心尽力地展示自己,并愿意配合完成面试中的每一个程序。当面试者微笑着的目光投向面试官的一刹那间,面试者的细腻周到和礼貌尊重都已经不动声色地全部表达出来了,这样的状态是无法用语言来描绘的,所以说目光交流是交流中的最高境界。

2.目光关注的方法

那么明确了目光交流的重要性,如何正确地使用和运用好目光这一交流法宝,和面试中的考官进行有益的沟通呢?

第一,无论是初试还是终试,尽可能地让自己温暖大方的目光关注到每一位考官。但切记不可像摄像机式的进行扫视。短时的注目,礼节性地和他们不出声地打招呼,加深他们对自己的印象。

第二,目光关注要由心而发。目光是最掺不得假的,它展现的是人们内心真实的世界,需要真诚,切忌在关注他人时眼珠转动,或左右、上下、飘移,似乎怀有什么目的和想法。

第三,在介绍自己或回答问题之前,先不要接过来就说,最好适当地关注一下提问的面试官,有个简单的目光交流,再作回答,这样一是显得认真,二是表示尊敬对方。

二、倾听

在面试中还有一点特别值得面试者用心领会的,那就是倾听。倾听的过程实际上就是对问题理解和分析的过程,而从面试者和面试官之间互动的角度上看,倾听更显得尤为重要。平时人们在一起谈心或者聊天,最忌讳说话时,对方心不在焉。同样在面试中也需要注意不能给面试官留下心猿意马的不好印象。

1.倾听的原则

倾听不仅要求听面试官所问，而且还要知道如何去听其所问的问题。当面试官发问时，眼睛要看向面试官的方位，注意力集中，微笑着回答好问题。

2.倾听的状态

倾听的表现其实就是一种和谐的状态。是面试者对这个问题和所问问题的人给予的一种心理及行为上的尊重。当面试者在倾听面试官的每一句话，每一层含意，不同语态背后的重点强调或轻重程度的同时，面试者的神情一定要专注、投入、用心，这就是面试者给予面试官本人的劳动付出的价值肯定及回报，也是在给自己增添力量。

在面试中每个人或多或少都会有一些复杂的心理因素存在，再加上有时还会受到外界因素的干扰，控制不好很可能就会出现思想难以集中的状况。这时千万不能走神，要沉住气，强迫自己镇静。因为要想让面试官更多地接受自己，得到高面试分值，就要尽力地全神贯注倾听。

延伸阅读

参加面试有讲究

1.一般不应由亲友陪同面试，避免给人留下不成熟的印象。

2.保持自信和自然的笑容。一方面可以帮助你放松心情，令面试的气氛变得融洽愉快；另一方面，可以令考官认为你充满自信，能够面对压力。

3.在整个的面试过程中，看到面试考官或是航空公司的工作人员一定要礼貌地打招呼，因为他们有可能会成为你的同事。

4.礼多人不怪，要经常把"谢谢"自然地挂在嘴边上。

5.面试时要注意每一个细节，因为随时随地都可能有人在注意着你呢。

近年来，肢体语言的运用越来越受到关注，适当地掌握肢体语言运用的方式和方法，势必会对面试起到一个良好的辅助作用，在这方面要多加强训练和学习。

第四节
航空模拟面试

航空模拟面试是按照真实的面试程序，进行面试预演，以达到熟悉面试、了解面试，取得真实面试效果为目的。俗话说熟能生巧，不妨事先做好必要的模拟面试演练，可以从中吸取面试所要掌握的动作协调性、快速反应能力、问题回答的结构和技巧以及很好地消除面试时的压力和紧张感等，为即将到来的真实面试打下良好的先期基础。

本节主要针对模拟面试的真实性、纠正性等方面进行阐述，让面试者了解模拟面试的客观性和必要性，从而在模拟面试中找到真实面试时所需要的踏实感元素。

一、模拟面试的评委组成

航空公司的面试团队一般由公司人力资源管理部门的人员、航空服务主管部门的人员、公司资深航空服务人员、现行航空服务人员和心理方面的专业人士等组成。他们每个人都有自己的意见和建议，每个人的一票都很重要和关键。但无论如何，团队成员的大方向都是一致的，尽管细节上各有主张，也不会影响他们最终选择的一致性。

既然模拟面试是为真实的面试打基础，在面试评委人员的组成方面，也要参照真实的面试进行。可以请航空公司的航空服务人员、学校心理方面的教师、航空专业的教师、学校就业办人员等共同参加，组成模拟面试团队，更好地为面试者在模拟面试演练中出现的一些不足和缺陷提出最直接的改进意见。这样模拟面试的结果才是最真实有效的，才是成功的。

二、模拟面试的几点要求

1.环境要求

根据面试者对面试的场地必须具有一定的适应性心理，因此模拟面试的环境最好是选择一个特定的场所，不要只设在教室里。有条件的话可以选择在户外或宾馆进行，这样的面试场景会让面试者首先对面试有一个慎重感和真实性感觉，投入的心情方式就有所不同。否则的话，总认为是模拟的又不是真实的，就不会那么在意，面试表现也就不是自己真实的情况，难以让面试官从中对个人进行真实有效的具体指导，达不到模拟面试的真正目的。另外，模拟面试还可以邀请学校其他专业的学生和老师观看，人越多效果越好。通过这种模拟面试，使面试者有身临其境的感觉。

2.真实性

航空公司招聘人才通常是公布招聘岗位、人员条件。报名面试者先交个人简历，航空公司经筛选后，通知预选人员进行面试。也有的航空公司在面试现场交个人简历，进行初选、中选和终选。模拟面试时，初选可以忽略，考查项目大都放在中选上，而终选时很有可能要增加笔试，对中选面试上的人员进行理论水平与综合素质的全面考核。

模拟面试重点可以放在形体礼仪、口语表达、逻辑思维、心理素质、专业能力、团队意识、助人、爱心等项目的客观测试上，目的在于加强学员们的临场应试能力及心理稳定性，通过一轮仿真的模拟面试现场，起码等于多一次面试的体验机会，增强面试者心理的真实感，对于减少面试压力有一定的积极性及帮助作用。

在模拟面试中，一定是参照航空公司面试的基本程序进行，而不是随意的自我设定环节，这样缺少真实性。在模拟面试演练中，不仅要对形体礼仪、口语表达和思维反应能力做到真实，而特别是对问题的回答方式和叙述性问题的内容排列结构上（开头、中间和结尾）要特别注意。

3.纠正性

其实模拟面试演练就是为了完善面试中的每一个环节，以求达到接近航空公司的面试标准要求，最终能够通过面试，收到公司的录用通知。所以在模拟面试中要特别强调找毛病和纠正缺点与错误，这样才可以在模拟面试中收到一定的提高效果，否则就失去了模拟面试的现实意义。纠正包括自我纠正和他人纠正，自我纠正是针对自己在本轮模拟面试中的表现，反思提高；他人纠正是根据面试官给出的意见和建议，个人进行整改。

4.学习性

模拟面试的过程实际上也是一个极佳的学习过程。一方面面试者可以通过考官的精心评述，来具体领悟一些平时没有关注的细节和精神思想，而他们的这些宝贵意见或建议则提出和明确了一些面试中不可缺少的东西；另一方面可以对比别人的表现，来完善自身的表现，直接明了，易于改进；再者面试中的当场接受指导比平时的接受，印象更加深刻。

延伸阅读

航空面试知多少

航空公司不仅要求人才的素质要高，热爱航空工作，还要求具备一定的文化理论功底，不但口才要好，笔下文采也有要求。有的航空公司还有才艺考评、困境自救、耐力检验、适应能力测试等。通过小组茶话会、游戏活动、心理拓展等项目，全面考评一个人的综合素质。

对于面试官当场问到的关于航空服务中的具体问题，要准确无误地回答。另外，无论是单纯的面试，还是增加笔试及互动的环节，再或者是英文会话等面试的基本项目，航空公司都不会脱离考查专业人才的服务能力、服务意识和服务态度等几个方面。掌握住最基本的核心要领，做好全面而充分的面试前期各项准备就不会迷失面试的具体方向和行动准则，让面试变得更加条理与透明。

三、模拟面试的可行性

模拟面试是根据人的大脑对于事物反应与接受力，由浅至深、由表及里的过程反映来制订和设置的一项基本面试的预审做法。模拟面试能把面试中可能出现的不良倾向解决在面试前，能加深面试者的面试印象，减少面试的恐惧感和不适应心理。这样就会大大地减少或避免在真正的面试中有可能产生的一些不必要的失误，提高面试的通过率。这对于面试者而言是十分具体和必要的面试指导过程；对于学校而言，也是极其重要的一环，可以从中发现一些不足，而后加强训练与指导，增加面试者技能掌握的均衡度，提升整体就业率和上岗率，其可行性不言而喻。

通过模拟面试指导过的面试者，在面试中往往会表现得更加自信和坦然，动作娴熟和饱满，语言坚定而有力，神情自然不做作，接近理想的面试状态，容易受到面试官更多的青睐和看重。因此和那些没有经过模拟面试指导的面试者相比较，他们的面试成功率会大幅度提高。

重视面试是面试成功的第一步，所以在模拟面试时，要全神贯注地投入到每一个环节和过程，做到一丝不苟。模拟面试中的举动将意味着在真正面试时的表现，绝不可三心二意。否则，将可能会失去一次绝好的面试及面试提升机会，更何况是机不可失。用什么样的态度和行为对待模拟面试，确实要费心思量。

（本章图4-1由武汉商贸职业学院提供；图4-2为北京超越联盟航空技术培训有限公司学员）

？ 思考练习题

1. 你感觉个人有自信吗？

2. 如何保持一个良好的面试心态？

3. 你对肢体语言的理解是什么？

4. 学会倾听的重要性体现在哪里？

5. 谈谈你对模拟面试的主观认识？

第 五 章

航空服务职业认知

学习目标

◈ 了解并掌握航空服务工作的类别及特点。

◈ 明确航空服务人员的服务理念及素质修养。

◈ 清楚航空事业发展前景并树立积极的职业价值观。

航空服务作为在国内、国际发展较为顾速的职业门类之一，越来越受到广大青年人的求职青睐。而由于过去航空业一直高高地凌驾于普通人之上，求职者无法靠近，所以人们对航空职业的真正认知普遍较为缺乏。为了使面试者对航空服务有一个更加理性和清晰的全面认识与了解，本章着重从航空服务职业的类别、服务对象、职业责任、职业薪酬、职业评价及行业发展前景等几个方面进行阐述。通过事例进一步说明情况，让大家对这个职业有个直观的印象，这也是学习航空专业及希望从事这个行业的人员的必要认知。

第一节
航空服务职业类别和特点

航空服务职业的本质就是为顾客提供好的服务，就工作本身来看确实是一项普通而平凡的服务工作。但因航空公司对航空服务人员招聘的条件较高，除了要有高雅、端庄、美丽、大方的形象外，还需具备一定的文化素质、应变能力、亲和力和个人魅力；又由于航空服务工作环境的特殊，收入颇为丰厚，令许多少男少女神往，故使其笼罩着神秘的面纱。实质上，航空服务就是要确保乘客在乘机时及旅途中的安全、舒适。

一、航空服务职业类别

和其他服务类职业相比，航空服务是属于特殊性行业的高端服务类别，对于个人而言更具有挑战性和成长性。学习与掌握航空服务的职业类别，无论是对专业学习者还是求职者，都是一个必要的基础知识累积的过程；或者可以更进一步讲，这是求职就业及工作的开端性工作。先有认知后有接受，这是一个必然的职业熟悉过程。

航空服务主要分为空中服务和地面服务两大部分，是机场地面工作和机上乘务工作的整体岗位概括。航空服务类工作是一个庞大的职业门类，岗位众多。因此对于学习航空服务专业的学员及有志于从事这个行业的年轻人来说，对职业选择的空间较大，机会较多。

1.空中服务
空中服务主要包括空中乘务和空中安全两大类。

（1）空中乘务

空中乘务主要是根据空中服务程序、标准以及客舱安全管理规则在飞机客舱内为乘客提供的服务。空中乘务人员（即空乘人员）向乘客提供餐饮，提供需要的物品；回答乘客问询；向乘客通报飞行状况；听取和征求乘客的意见反映；对婴儿、孕妇、伤残乘客、老年乘客等提供特殊服务；在出现紧急状况时应采取应急措施帮助乘客安全撤离等。

空乘人员经常会遇到突发事件或复杂问题，此时需要他们冷静、果断地处理问题。

成功处置各种突发事件取决于在整个特殊情况处置过程中，具备良好的心理状态、采取正确的措施和规范处置程序。因此，一名合格的空乘人员还必须具备良好的心理素质。

（2）空中安全

空中安全肩负着空中飞行安全职责，但目前空中安全员多由男乘务员兼任。其主要职责是在民航飞机上保证乘客旅途中的安全和乘机舒适。

2. 地面服务

地面服务是一个比较大的职业操作系统，指在航空公司、机场地面服务的整个工作岗位。具体有值机（国内值机和国际值机）、安检、VIP客服［贵宾服务和头等舱、公务舱（即两舱）服务］，调配、票务、候机服务、行李查询服务、配载服务等。

（1）值机

值机指航空运输企业如航空公司、机场等专门为乘客乘机所设置的各项乘机手续办理程序的工作部门和岗位。值机人员主要职责是为国内、国际航班旅客办理登机牌；负责为国内外旅客提供托运行李、行李保险服务；负责处理国内外航班中转联程、特殊乘客及不正常航班协调处理等。

（2）安检

安检负责整个机场隔离区内安全保卫工作，一般为安检和护卫。安检人员的岗位职责主要是对乘机旅客的有效身份证件、客票、登机牌进行核查，对旅客人身进行仪器或手工检查；针对航空安全的有关要求，对乘机旅客、货物、行李实施检查和控制区道口围界监管、停机坪场面纠察等重要任务；员工通道证件检查；车辆证件检查；重要道口人身检查；飞机的看守；行李分拣；旅客引导；国际、国内值机大厅巡视和候机楼秩序维护等重要任务和机场各大单位和国际、国内航班飞机及飞行的安全与保障工作。

（3）VIP客服

指各大航空公司设在机场为会员服务的工作岗位。其职责主要为VIP贵宾办理自购票至登机过程中的一切手续及相应服务。

（4）调配

调配主要是指挥飞机降落、运行车辆停靠位置等的工作岗位。

（5）票务

票务主要提供旅客客票的出售、退票、客票变更、客票遗失及团体旅客客票的处理等事务性服务工作。

民航服务的空中服务和地面服务，包括顾客从购票到安全抵达目的地的每一个环节，这些服务环节的优劣直接影响着每一位乘客的情绪。如果航空服务人员主动、热情、耐心周到地为乘客服务，那么乘客就会有一种如沐春风般的愉快体验。良好的服务态度，会引动乘客的积极情绪，起到诱导消费的良好作用，为航空服务的成功打下良好的基础。反之，如果乘客遭遇冷淡、怠慢和不友好的服务，则会让乘客觉得扫兴，并对民航服务留下不好的印象，产生不愉快的情绪，乘客有可能不会再次光临。可见无论是在航空公司的哪一个岗位上工作，其工作的内容都是连贯和畅通的，每一个工作环节都十分重要。

职业诠释

1.安全放飞每一个航班

质量永无止境，安全工作只有起点，没有终点，在岗一分钟，就要安全六十秒。记得刚踏上安检工作岗位的第一天，师傅就告诉我说"你选择了安检，就意味着选择了责任。"是啊，国家的安全是国泰，民众的安全是民安，为了国泰民安，为了千万个家庭团圆，为了亿万旅客的平安，必须信守承诺，把握安全检查质量为关键环节，将每一个危险因素拦截在地面，将每一个事故隐患消灭在萌芽状态，安全放飞每一个航班，为祖国守护一片祥和安宁的蓝天！

—— 一位机场安检员的工作心得

2.用微笑伴您出行

微笑着目送旅客带着舒心、满意的笑容走出"凤凰旅途"VIP休息室。27岁的国航西南分公司地面服务部白金卡客户经理吕娜心里感到很安宁。"看到旅客在我的帮助下顺利乘机，心里感到特别满足，工作也更有动力。"吕娜用质朴的语言表达着对平凡工作的理解，7年来，她就是这样带着微笑迎送每一位南来北往的旅客，书写属于自己的职业人生。吕娜连续数年获得地面服务部优秀共产党员、年度优秀员工等称号，她用自己的行动诠释了"为民服务，创先争优"的内涵。她热诚的服务和严谨的工作态度，屡屡获得旅客的赞誉和同事的认可。

—— 一位地面服务人员的微笑服务

3.用"心"服务

也许有人会这样认为，乘务工作不外乎是端茶送水而已，是一种体力劳动。其实，十年的工作经验使我认识到要做好这份工作，更重要的是靠心灵去感受、体验，乘务工作是一种心灵的艺术。在一次服务中，我看到一个小女孩脸色苍白、头冒冷汗，旁边的父母显得手足无措。根据经验，我断定小女孩是晕机了，马上端来热水，帮她擦汗。由于后舱旅客全满，空气有些闷，我便对她父母说："交给我来照顾吧。"我让她躺在乘务员座位上，帮她垫枕头、盖上毛毯、拉下帘子，小女孩想睡又不敢睡，我轻轻地哄她，还示意上洗手间的旅客轻点，小女孩终于睡着了。一个多钟头后，小女孩醒来时已恢复正常，飞机也快要下降了。当我把小女孩交给她父母时，看着恢复往常活跃可爱的女儿，父母十分感动，连声向我道谢。这时，客舱里也响起了少有的掌声。置身于其中，我深受感动。是的，只要用"心"服务，实现与旅客情感与心灵上的沟通，一定能打动旅客的心，从而让旅客在匆匆的旅途中得到温馨、舒服的享受。

—— 一位乘务员的工作感悟

二、航空服务职业特点

航空服务是一种特殊性行业的高端服务职业，主要工作任务是与乘客打交道，为乘客的出行提供便利条件，这种职业的特殊性主要体现在以下几个方面。

1.安全责任重大

乘客安全抵达目的地，是机组人员的基本任务。航空服务人员担负着观察、发现、处理各种安全隐患的任务。特别是在紧急状态下，航空服务人员作为机组重要组成部分，担负着面对乘客、面对危机的责任。因此，安全责任重大，远远超过其他服务行业。

2.服务环境特殊

客舱是一个特殊的场所，飞机行驶在万米高空，无论是活动空间还是服务设施都受到一定限制，航空服务只能根据这些有限的条件而展开。客舱环境既受到飞行状态的影响，又受到乘客心理状态的影响。同时服务过程还受到飞行状态、各种规范的制约。

3.技术性强，服务内容繁杂

飞行器在飞行中，不同阶段有着不同的特性，要求服务过程必须符合技术规范要求：不允许有随意性；客舱中的各种设施、设备都与安全密切相关，操作过程应严谨、守则；服务涉及的范围广泛，每个过程与环节均有操作要求。

4.不同的服务对象

服务的对象来自世界各地，有着不同的语言、文化、信仰、风俗习惯、性格和职业等，这就要求航空服务人员要有航空、运输、服务礼仪、医疗救护和外语对话等方面的专业知识和实际技能，因而对服务水平和知识面要求较高。

5.个性呵护明显

由于在飞行过程中的不同阶段、不同气象条件使乘客有不同的心理感受和身体反应。很多乘客甚至处于紧张的状态，存在着恐惧心理。因此需要航空服务人员采取积极措施，进行个性化服务，消除乘客的紧张心理，稳定乘客的情绪，协助乘客缓解和消除飞行反应。

6.较高的综合素质

由于职业的特殊性，要求航空服务人员必须要有广泛的社会知识、丰富的专业知识和技能、健全的人格。这就需要不断学习、自强自立，增强服务意识和竞争意识。用自己的实力和良好的心理素质应对工作和生活中出现的各种问题。航空服务人员的服务既要符合民航标准、规范的要求，又要用"心"、因地制宜、因时制宜地为旅客提供服务。乐观的人生态度、良好的亲和力、较强的语言表达能力、沟通能力以及良好的合作精神和工作责任心，要在为顾客的服务中，全面地表现出来。

三、航空服务职业环境

作为国民经济和社会发展的重要行业和先进的交通运输方式，我国民航业伴随整个国民经济的发展不断壮大。特别是改革开放三十多年来，航空运量持续快速增长，航线网络不断扩充，机队运输能力显著增强，机场、空管等基础设施建设取得重大进展，管理体制改革和扩大对外开放迈出了实质性的大步伐。航空运输在我国社会主义现代化建设中发挥着越来越大的价值作用。随着航空运输业的飞速发展，其从业人员的职业环境也发生了巨大变化。

1. 职业岗位供不应求

航空服务是一个新型的朝阳产业。随着我国航空事业领域的改革创新，民航运输业发展迅猛，民航人才的需求规模民同步扩大。特别是在我国提出供给侧改革之际、在"一带一路"战略合作框架协议下，民航业开启了新的腾飞历程，无论是机场数量还是飞机架次，都数倍猛增，我国已从"民航大国"走向了"民航强国"之路。据权威预测，2022年之前至少要增加20万航空服务人员岗位，民航空乘人员的队伍将超过40万人，规模将是目前的5倍以上。

2. 工作内容多元化

未来的发展趋势是航空公司的服务不再是出售机票，把乘客送到目的地等简单服务；而是在运营环节上，融旅游业、餐饮业在内的延伸服务和增值服务。从事航空服务工作，有"两好"和"两高"，"两好"是工作环境好和发展环境好；"两高"是工作层次和接触的人员素质水平高和收入水平高。

3. 职业发展和晋升空间大

以空乘岗位为例，入职后，经过数年的经验积累，可以从国内航线的普通舱晋升到头等舱，再进入国际航线，从短途到长途；从职务角度看，也可以从乘务员入手，逐步晋升到乘务长、主任乘务长等管理服务型岗位上。

4. 对从业人员的素质要求高

一般而言，航空企业都要求从业人员能够熟练掌握所学专业技能，有较高的英语水平、团结协调能力和灵活的应变能力。由于飞行环境、服务对象以及服务过程的特殊性，服务过程中会出现复杂多变的各种情况和突发事件，这就要求航空服务人员具有稳定的心理素质，善于发现问题，果断处理问题。具有较好的沟通能力和表达能力，有效地与不同乘客进行交流，具有较强的亲和力与超越自我情感的职业情感。

四、航空服务职业薪酬

通常情况下，员工的薪酬包括以下四个部分：基本薪酬（即本薪）、奖金、津贴、福利。而航空服务人员的薪酬基本上包括三个部分：基础工资、飞行小时费以及驻外补贴。

基础工资是按照国家核定的职称和工种来定的，同其他社会工种的基础工资没什么大的区别；飞行小时费则按照航空服务人员的飞行时间多少计算，实行多劳多得；在1997年之前，航空服务人员收入"高人一筹"的部分主要体现在最后一项，即驻外补贴上。

1997年之前，各航空公司对航空服务人员的驻外补贴实行的是"驻地标准"，即飞行停留国家的生活补贴标准，最高可达七八十美元一天，最低也有三四十美元一天。当时航空服务人员的平均月薪在万元以上，最高的月薪达到了两万多元，是真正的社会高收入者。1997年后，民航管理部门对航空服务人员的驻外补贴出台了一个统一的标准：每天30美元。

此后，航空服务人员的收入增长点开始转向飞行小时费。由于当时国家并未对航空服务人员的飞行小时设限，因此航空服务人员积极地"多劳多得"。不过，对于航空服务人员长期处于高度疲劳的飞行状态，中国民航总局于2003年对航空服务人员的飞行小时进行了限制性规定：航空服务人员每月飞行时间最高不能超过120小时，下不限底。

目前国际空乘年薪范围约10万～20万元。从国内现有薪资水平看，国内主流航空公司优秀空乘人员平均年薪在10万元以上，同时因其专业性要求与人才量供应不足，其职业稳定性得到保障。

国内航空公司的航空服务人员按照职别和收入由低到高大体上分为：见习乘务员、普通乘务员、国际航班乘务员和乘务长。一般国内航线的乘务员先飞国内航班，在普通舱服务；此后才能飞国际航班，服务于普通舱；然后才能服务于两舱（公务舱、头等舱）。航空公司有较好的福利待遇，如免费的疗养假期，公司统一安排住宿、交通和餐食以及一些旅游项目，享有不同类型的优惠机票和免票等。随着航空业市场竞争的加剧，不同职别的乘务员收入差距会越来越大。高薪加上良好的福利待遇是航空服务特有的，在就业竞争如此激烈的今天，能够成为一名航空服务人员是值得骄傲和自豪的。

五、航空服务职业评价

在航空公司之间的争抢客源竞争中，为乘客服务的空中乘务人员的形象和工作态度，对航空公司是否能占领市场、赢得良好信誉起着非常重要的作用。民航地勤服务工作人员的服务仪表、服务意识和职业道德、服务语言应用能力、应变能力、自我控制能力、群体合作能力、社会合作能力、社会交际能力等也体现了服务质量的优劣。

1.航空服务工作是非常辛苦的

每个航空服务工作人员应当做到无论何时何地、何种情况下，都主动、热情、周到、有礼貌地为乘客服务。要认真负责、勤勤恳恳、任劳任怨做好工作。因此，从另外一个方面看，航空服务工作也是非常辛苦的。

2.有较强的服务理念和服务意识

服务意识的内涵是发自服务人员内心的，是服务人员的一种本能和习惯，是可以通过培养、教育、训练形成的。

从乘客的角度看，花上比坐汽车、火车高许多的价钱坐飞机出行的目的，不外乎有三个方面：一是安全，二是快捷省时，三是舒适。可一旦服务不能够让乘客实现这样的目的，他们就会不满，甚至抗议。所以，民航服务意识最基本的要求是先做好服务工作，为乘客服务的目标是让乘客满意，用心服务并乐于为乘客服务，并给他们带来快乐。

3.有吃苦耐劳的精神，树立正确的服务意识

向顾客提供服务，也就是给自己的未来创造机会。要懂得，工作不是为别人，而是为自己。从表面看，靠工作给自己挣钱；从深层次理解，任何努力终会有回报，不论是

薪酬还是个人的成长。

4.丰富的客舱服务知识

航空服务不只是端茶送水，它涉及的服务知识极其广泛。乘务员服务意识的提高，有赖于服务知识的拓展。因此，乘务员不仅应熟练掌握客舱安全、客舱服务与操作技能、客舱急救、客舱应急处理、特殊乘客及重要乘客服务等专业知识；还要掌握旅游知识、航线知识、心理学知识、礼仪知识、生活常识等。只有这样，才能在工作过程中应付自如。

5.真诚微笑

通过微笑把快乐、善意带给乘客，这是融洽人际关系的最基本要求。航空公司在选择航空服务人员时，都十分看重亲和力。学会真诚的微笑，是每一位航空服务人员上岗之前的必修课。真诚的微笑是用心、用眼微笑。眼睛是心灵的窗户，面对乘客时应先用目光与对方问好，然后将笑容弥漫到整张脸上。这种微笑，会使每一位乘客都感到微笑是特别展现给他的，让他感到温暖。因而能深深打动每一位乘客。

6.沟通要"因人而异"

航空服务人员面对的是不同肤色，不同年龄、不同性别、不同职业、不同性格及各式各样的乘客，规范化、标准化的服务语言，有时不一定能吸引或打动客人。航空服务人员应学会讲"因人而异"的话，也就是见什么人，讲什么话。例如对老年乘客的沟通技巧、对儿童乘客的沟通技巧、对特殊乘客的沟通技巧、对发脾气乘客的沟通技巧、对重要乘客的沟通技巧、对第一次乘飞机的乘客的沟通技巧、对航班不正常时服务的沟通技巧等都会有所区别。在航空服务中，往往得体合适的一句话会带来非凡的影响效果。

航空服务看起来是一次性消费、时效性很强的服务产品，但其实有很强的服务延伸性作用，因为本次乘客中有很多经常性的未来潜在客源。注重服务"接触"过程中的服务规范、服务水准和服务技巧，让乘客拥有温暖如家的享受服务感觉，赢得回头客。

 延伸阅读

服务诠释

1.高龄空姐的优质服务

美国"达美航空公司"国内航班，有一位年迈的老太太还为乘客提供服务，这是一位真正的空姐。这位老空姐韦伯女士已经83岁，已在航空业服务了55年。韦伯女士虽然年事已高，但身体健康、行动矫捷。在达美航空众多空乘人员中年纪最大，也是全球空姐中年资最高的"祖母级"空姐之一。韦伯女士对乘客非常体贴，又乐于聆听他们的意见，因而深受乘客爱戴。有些乘客登机前甚至会打电话给航空公司，询问她当天有否值勤。可见，并不是只有年轻漂亮的女孩才会受到大家的欢迎，专业、优质的服务才是旅客最需要的。

2. 80后的服务明星

人们都说80后是生活幸福的一代，不懂吃苦，不懂奉献。而作为80后的一员，姚琳可以称得上是阳光、积极、向上的典范。她从2005年7月11日签订工作协议后，一直在南航售票处工作。在短暂的从业时间中，先后获得多个奖项：南航新疆分公司先进个人、南航新疆分公司市场营运部服务明星，并连续两年得到工会积极分子称号。2006年、2007年、2008年市场部的业务晋级考试中，她连续三年以优异的成绩晋级，是现在售票处业务能力最优的三人之一。她说每一个人都是生命中的过客，也许此生就只相见这么一次，要珍惜每一次服务机会。

3. "我为人人，人人为我"

记得20××年1月的一天，一个中年人坐上了我领班的飞往上海的航班，我发现他一上飞机就愁眉苦脸，闷闷不乐，就找机会跟他攀谈起来。在聊天中，得知这个乘客在北京打工，这是第一次坐飞机回家过年，可过安检时却把一个袋子丢了。我安慰他不要着急，答应帮忙寻找，乘客紧悬的心终于稍松了一口气。我通过机组与安检联系找到袋子，回北京后，我马上步行到安检处拿回袋子并托下一个航班的工作人员带去，这些令这个乘客十分感动。我觉得这是我应该做的事，航班到站并不表明服务到站，只要能给乘客提供方便，即使辛苦点儿也无所谓。只要我们用爱的力量温暖每一颗心，就能让乘客在客舱里得到舒适的享受的同时，更得到真情，得到爱的启迪。正如乘客在留言纸上所写的，"我要学习你们这种热心为乘客的精神，在本职岗位上做出成绩"。这使我深深体会到工作付出后的快乐，体会到了这一平凡职业的不平凡之处！中国有句古话叫"将心比心"，意思是说要站在别人的立场上思考问题。我们这个社会有细致的分工，我们这个社会的人际关系是"我为人人，人人为我"，人人都是服务对象，人人又都为他人服务，在更多的场合你为别人服务，在更多的场合又会接受别人的服务，只有"将心比心"，才能力求把服务工作做得尽善尽美。

—— 一位乘务长的工作日志

第二节
航空服务职业理念

服务在本质上是一种人际交往关系，这种关系由服务者、被服务者和服务环境三元素组成。其中，服务者是影响服务质量的最主动、最积极的因素，其能力和素质的高低对服务水平具有决定作用。具有良好素质和能力的服务者可以在服务过程中营造出令人愉快的氛围，使服务三元素间的关系达到和谐统一，这种和谐统一的美就是优质服务。

由此不难引出航空服务职业理念的含义是：要具有优质服务于顾客的意识。

一、航空顾客分类情况

国际标准化组织（ISO）给顾客下了这样的定义：接受产品的组织和个人。简单来讲，就是指前往商店或服务机构购买产品或要求服务的对象，包括组织和个人。因此，凡是已经来购买和可能来购买产品（当然这里的产品既包括了实际存在的物质产品，也包括了抽象的服务）的组织和个人都可以算是顾客。

民航运输业的顾客分为三类：过去顾客、目标顾客和潜在顾客。

1.过去顾客

过去顾客是指已经一次或多次地接受过航空公司的服务。这类群体具有以下特点：

① 接受过某航空公司的服务，是该公司的"潜在忠诚顾客"。

② 具有一定的经济基础，是各航空公司都会努力争取的潜在顾客。

③ 对航空营运系统有一定的了解，具有一定的判断能力，不会轻易地被广告所吸引。

④ 对所应接受到的服务有较清晰的了解。当航空公司的服务不到位时，便会成为投诉的高发人群，在公司的投诉处理中，也更难服从处理决定。

⑤ 对公司所提供的服务有更高的期望，当期望被多次满足时，极有可能成为忠诚顾客，在结识人群中为该公司做积极宣传。当实际服务一次低于期望时，意志会变得摇摆不定，并积极关注其他公司信息；当实际服务多次低于期望时，将会选择其他公司，并在结识人群中给原公司做大量负面宣传。

从以上这些特点中就不难发现，各航空公司的竞争，除去对潜在顾客的积极争取以外，很大程度是要稳定过去顾客。

2.目标顾客

目标顾客指正在接受着组织服务的顾客。航空公司在日常的营运过程中接触得最多就是目标顾客。他们是正在接受着航空公司所提供的服务的群体。目标顾客具有如下特点。

① 正在接受航空公司的服务，与公司的一线队伍有着最亲密的接触，对产品质量的好坏有着最直观的感受。

② 他们的需求正在被航空公司所满足，或超越，或忽略。

③ 他们既可以成为公司的忠诚顾客，也可以成为竞争对手的潜在顾客。

④ 他们的安全是公司的生存之本，他们的舒适是公司的发展之源。

目标顾客与航空公司的一线服务人员有着最亲密的接触，一线队伍在顾客的眼中就是一个公司形象的代表，一线队伍服务质量的高低，将直接关系到目标顾客的满意程度。这些一线队伍主要是地面服务人员（换领登机牌与办理托运的柜员）与空勤人员（乘务员、飞行员）。他们的一言一行、一举一动，都将直接地影响到顾客的满意度。所以说，一支好的一线队伍就是公司的生力军。

3.潜在顾客

潜在顾客指可能会接受组织产品的顾客。潜在顾客包含一般潜在顾客和竞争者的顾客两大部分。所谓一般潜在顾客是指已有购买意向却尚未成为任何同类产品或组织的顾客，或虽然曾经是某组织的顾客但其在购买决策时，对品牌的认可较为随意的顾客；竞争者的顾客是指本企业的竞争对象所拥有的顾客群体。

潜在顾客对航空公司的期望有三点：飞行的安全性；航班的正常性；旅途的舒适性。顾客这三点期望，实际上也很好地切合了马斯洛的关于人的需求层次理论。

二、航空服务角色担当

只有拥有最完美服务的企业，才是客人永远用行动和货币去支持的企业。只有实现了客人满意，才能实现企业做大做强的愿望。美国著名管理学家罗伯特·奥特曼提出服务是企业参与市场竞争的有效手段，也是企业管理水平的具体表现。随着市场经济的发展，也带来了企业服务竞争的不断升级，迫切要求企业迅速更新理念，把服务问题提高到战略高度来认识，在服务上不断追求高标准，提升服务品位，创造服务特色，打造服务品牌。因此服务者本身的角色定位与担当就必然有一个十分准确和清晰的概念。

1. 角色的概念

"角色"本是戏剧中的名词，指演员扮演的剧中人物。20世纪20～30年代一些学者将它引入社会学，进而发展为社会学的基本理论之一。社会角色是指与人们的某种社会地位、身份相一致的一整套权利、义务的规范与行为模式，它是人们对具有特定身份的人的行为期望，它构成社会群体或组织的基础。具体来说，它包括以下四方面涵义：①角色是社会地位的外在表现；②角色是人们的一整套权利、义务的规范和行为模式；③角色是对于处在特定地位上的人们行为的期待；④角色是社会群体或社会组织的基础。

只要是社会成员，都会承担某种社会角色。当一个人具备了充当某种角色的条件，去担任这一角色，并按这一角色所要求的行为规范去活动时，这就是社会角色的扮演。人们在日常生活中，受社会分工所制约，往往会从事一定的职业，如空乘人员、工人、教师、医生、农民、企业家等。由于人们在生活中所处的不同角度及要求，必须有适当的表现，这就是人们所扮演的生活角色。

2. 航空服务角色的特点

（1）服务的自觉性

扮演航空服务的角色，明确自己正担负着一定的权利、义务，意识到周围的人都是自己所扮演的角色的观众，因而努力用自己的行动去感染周围的观众。航空服务人员的作用和任务是从物质和心理上满足乘客的需求。在国内乘客面前，服务员代表自己航空公司；在外籍乘客面前，代表着中国民航服务。所以，服务中要设身处地地为乘客着想，时时刻刻为乘客排忧解难，不断满足旅客的需求。因此，一旦走上工作岗位就要有像演员走上舞台的意识，所有乘客就是"观众"。

（2）角色的规定性

角色的规定性是指对角色有比较严格和明确的规定，即对角色的权利与义务、应当做什么、不应当做什么都有明确规定。航空服务人员的工作，无论是地勤岗位还是空乘岗位，都有严格的服务规范和质量标准。航空服务人员为乘客提供服务要严格按照工作流程和规范来进行，不能随心所欲。

（3）角色的功利性

航空服务角色是以追求效益和实际利益为目标的社会角色。这种角色行为的价值就在于为乘客提供舒适、安全的服务的同时为航空企业获取实际的利润。高质量的服务可以提升乘客的满意度与忠诚度，对提升企业的利润空间和竞争力有着重要的作用。

在日常工作中，航空服务人员以百倍的热情投入到工作中去，善于在不同场合当中，在不同服务对象身上变换自己担当的角色。如做普通乘客的好朋友；在航班延误时，就要耐心细致地做好烦躁甚至发火乘客的解释工作；遇有行动不便的乘客，便要充当担架员、护理员角色的作用；在无人陪伴儿童面前，又要担当和蔼可亲的"孩子王"角色；在空中飞行中，空乘人员经常遇到的问题是："请问，我们即将到达的城市有哪些名胜古迹？"这时航空服务人员又当起了乘客的导游的角色；在孤身一人乘飞机的老人面前又是体贴的好女儿。

 延伸阅读

角色诠释

1."角色"与"定位"故事

有个流传很广的故事，在一个大雾天气，美军某航母发现航道上有艘船，于是舰长对此船喊话："请改变你的航道，向北偏15度，以免相撞。"。

对方回答："建议你向南改变航线15度，以免相撞。"

这时美国一艘军舰的舰长在说话"我再说一遍，改变你的航向。"

"我也再说一遍，改变你的航道。"

美军舰长大怒："我是美国小鹰级航空母舰，配备世界上最先进的武器，其中包括核弹。我会消灭一切阻挡我前进的东西。请你马上改变你的航道！"

对方语气平和的答道："这里是灯塔。您自己看着办吧……"

2.工作中的角色转换

2009年3月，时任兰州机场集团安全检查站总经理的卢金萍同志被公司领导委以重任，调整为地面服务部总经理。当时地面服务部曾一度连续发生问题。面对问题，她没有简单地责怪哪一位员工，而是成立了整改小组，亲自挂帅，带领新一届领导班子深入调研，分析现状，坚持每个航班跟班作业，摸排检查，弄清问题的根源，制订相应的整改措施。经过整改后，地面服务品质大大提升。

不正常航班服务是民航的管理难点，在每次的重大航班保障和不正常航班保障工作中，总能见到卢金萍忙碌的身影。她带领着部门干部员工牺牲自己的休息时间加班加点工作，出色完成各类重要保障任务。在众多的服务保障工作中，地面服务部为兰州机场迎来了良好的社会声誉。

3.空中的感动

常坐飞机出差、旅行，对空姐的常规问候式的服务，没有留下什么值得回味的记忆。可前不久坐了一次飞机，有一位空姐的服务及她"扮演的角色"却给我留下深刻的印象。当时，乘坐的是××公司的航班，从××飞往大连。刚进客舱，一位乘务员就接过我的行李包，帮助找座位，很快把我安顿好。飞机起飞后，她看我大汗淋漓的样子，马上拿来热毛巾对我说："一路上辛苦了，擦把脸吧。"几句暖心的话，一扫我旅途的劳累。这时，邻座的一个小女孩不知何故啼哭不止，孩子的母亲怎么哄也不行，还是这位乘务员走过去，三言两语就和这个小乘客做起了游戏，顿时客舱里洋溢着小女孩的笑声。

一切安顿好了，大概这位乘务员看我年岁已高，怕我汗消了着凉，又及时拿来毛毯盖在我的身上。我深深地被感动了，我看了她的胸牌，她叫王红。我问她："刚才那位小乘客为什么你一过去她就不哭了？"王红告诉我，她是一位做了母亲的乘务员，她的女儿在幼儿园学了很多游戏，回家她就让她的女儿教她，她在航班中常常和淘气的小乘客玩游戏，效果非常好。在乘客面前她是位优秀的服务员，在孩子面前她又是一位合格的"母亲"。

——一位乘客的旅途见闻

三、航空服务价值体现

"没有任何借口"是美国西点军校奉行的最重要的行为准则，是西点军校传授给每一位新生的第一个理念。它强调的是让每一位学员想尽办法去完成任何一项任务，而不是为没有完成任务去寻找借口，哪怕看似合理的借口。其核心是敬业、责任、服从、诚实。服务发自内心，乐于为别人服务，并给乘客带来快乐。在"播种"服务的瞬间，也种下了自己的将来，也是为个人的将来服务，这就是服务的价值体现。

出色的航空服务不仅满足了乘客的需求，同时也为航空公司带来了可观的经济效益以及知名度和美誉度，并且能得到社会的广泛认可。可以说服务价值连带着服务质量。

1.体现在服务质量上

航空公司服务质量是航空公司通过与民航其他单位协作而提供服务的使用价值是否满足乘客安全、准时、方便、舒适地从始发地到目的地的旅行需要的程度。

航空公司服务质量的基本前提是安全。民航的行业特性决定了安全是航空公司永恒的主题和生命线，保障航空安全也是航空公司最基本的服务质量特性。

航空公司服务质量的核心是航班正点。航空运输与其他运输方式相比最大的优势就在于快速，这也是顾客选择乘飞机出行的最为重要的原因，而经常性的航班延误正在逐渐削弱这一优势。因此，保证航班正点是航空公司服务质量的核心。

2.体现在顾客满意度方面

顾客满意度是当产品和服务达到或超过顾客的需要、需求和期望时的一种思想状态，这种思想状态使顾客再次购买并保持对产品和服务的忠诚感。航空服务质量对顾客满意度有直接的影响，而不是在传统的差异理论中所描述的那样，通过比较差距对顾客满意度产生间接影响。此外，研究还发现了航空服务质量通过感知价值间接地影响顾客满意度。在保证航空业各项服务的同时，准确理解和把握顾客的感知价值。通过与顾客的交流和对话，建立公司和顾客之间的相互理解和信任等一系列措施。加强顾客期望管理、服务过程管理和服务情景管理，从而提高顾客的感知价值。

3. 自我价值体现

航空服务的自我价值体现，对于个体来讲是最直接感受到的一种主客体现。主要在于三个方面：一是自我的工作实现；二是自我的收入实现；三是自我的职业成长体现。一般来讲，会伴随着工作时间的持续延长，自我价值的体现也随之明显。

4. 公司价值体现

航空服务体现在公司的价值方面，是一种集体或团队的共同作用，大家围绕着公司的经营思想及服务原则，共同来做好各自的服务工作，各把一关，一荣皆荣。航空服务具有团体服务性质，个人的服务价值最终都会集中地反映在公司的共同影响上，左右着公司的发展。反过来看，公司的价值也必然体现在每个员工身上，使他们在其中受益。

5. 社会价值体现

航空服务职业同样具有社会价值，对社会的经济及生活等各个领域产生影响和作用。航空服务不仅仅只是充当一个运输工具，从一定的角度上分析，甚至可以直接参与社会经济建设和人们的生产建设服务活动。例如民航工作人员在四川汶川大地震中，参与营救转送伤员活动，运送营救人员，为灾区的抢险救灾及发展建设都做出巨大的贡献。特别是在执行国家的特殊任务时，民航服务发挥着无可替代的社会价值作用。

 延伸阅读

价值诠释

1. 新加坡空姐的服务价值

天生丽质的空姐们无疑是航空旅行途中最为"鲜活"的看点，除了亲切的笑容、温婉的气质，"人靠衣装"的俗语在她们身上更是体现得淋漓尽致。在众多国家中，新加坡航空的空姐无疑是全球航空业具有最高的辨识度。乘坐过新加坡航空公司航班的人，都会对空姐们那身漂亮的沙龙制服难以忘怀。这款由法国高级时装设计师Pierre Balmain（皮耶·巴曼）设计的马来沙笼可芭雅服装（注：马来沙笼可芭雅服装是南洋特色的本土服装）已经成为新加坡航空公司最著名的公司标志，同时也是新加坡航空品牌体验中一次独特的视觉体验。

"新加坡空姐"代表亚洲价值观，她是亲切的、热情的、温和的和优雅的。它是新加坡航空公司服务承诺及优异质量的完美的人性化表现。"新加坡空姐"的形象非常成功，以至于1994年作为第一个商业人物陈列在伦敦的杜莎夫人蜡像馆，并被哈佛商学院赞为："将优雅、殷勤和亲切的亚洲古韵在客舱内演绎为现实"，将航空服务

价值体现得淋漓尽致。

2.服务的超值体现

新加坡航空公司推出"更大、更好、更舒适"的SpaceBed睡椅，并可提供多达11个的电视专题频道，包括戏剧、时装、科技、音乐、体育及流行资讯等，有5部当月放映的电影，还有游戏、航道与目的地信息等。即使在35000英尺的高空，依然可以利用宽带上网冲浪和回复邮件，这算是新加坡航空公司的一项特色通信服务。在餐食方面，新加坡航空公司增加了即冲即饮的花式饮品饮料机和各类新鲜的果汁饮品，每天供应的饮料由原来的10来种增加到近30个品种，时令水果、口味繁多的小食也都以自助的形式敞开向乘客供应。每天在用餐时间，还提供蛋挞、春卷、芝麻球、叉烧酥等可口的广式小点心让乘客品尝。在酒水方面，增加了长颈FOV、蓝带马爹利、轩尼诗、金牌马爹利、特级人头马等洋酒，多样化的选择，使头等舱和公务舱乘客的候机时间也成为一种享受。

同样，英国维尔京航空公司在头等舱服务上也狠下功夫，设有酒吧，有美容师提供肩胛按摩和护甲护理；商务乘客服务上推出"累计飞行计划"。为适应和满足高收入者旅行，推出"豪华项目游"，向乘客提供专车、美食、美容等服务。还有几乎所有语言的空中服务，如在中国航线上，英国航空公司特别为中国乘客配备了能讲中文的空乘人员，中文字幕的机上娱乐，适合中国人口味的餐饮，以及在伦敦希斯罗机场的中文地面帮助服务等。

第三节
航空服务职业素养

服务本质实际上是一种人际交往关系的组合，由服务者、被服务者和服务环境三元素组成，其中服务者是影响服务质量的最主动、最积极的因素，其能力强弱和素质的高低对服务水平具有决定性作用。航空服务人员的职业素养，最直观地体现在责任心、爱心、包容心、同情心和耐心等方面。本节着重从服务水平提升、学习力加强、培养职业乐趣等，进行阐述航空服务职业素养方面的问题。

一、提升服务水平

服务强调要做"有心人"，也就是在服务过程中要用心观察和体验，感悟客人的需求，从而提供恰到好处的服务，使客人满意。某学者对服务有这样的解释："欣赏客人、赞美客人，会让客人获得极大的快乐！服务要让客人满意才有价值。"所以"态度"，是服务行业中制胜法宝之一，尤其对于航空运输来讲，至关重要。

亲切的微笑就是空乘人员最佳态度的表现形式。微笑是个很奇妙的东西，它能产生魔力般的效应，给顾客留下宽厚、谦和、亲切、和蔼、自信、友善、诚信等美好的印象，表现出对顾客的理解、关心和爱。于是，航空服务人员与顾客之间的生疏变为亲密，隔阂变为融洽，不满变为顺心，恼怒化为开心。可以说微笑是航空服务人员应该具备的一项不可或缺的技能，是为企业打开声誉与关注的窗口。在运输行业竞争如火如荼的今天，态度决定成败，微笑战胜一切。

在航空服务工作中，空乘人员在航班中面对不同类型乘客，会遇到各种特殊事情，如航班延误，要面对乘客尖刻语言。在服务中，会遇到百般挑剔的乘客，甚至无理取闹。空乘在承受压力，处理矛盾，做好工作时，亦称为一种考验。所以要掌握服务技能，并注意以下几个方面锻炼提高自己。

1.遇事不慌，沉着稳定

当遇到突如其来的事情或问题时，要保持镇静，不惊慌失措，并且迅速地作出处理问题的对策。

2.思维敏捷

应变不应是被动，而应是主动，能防患于未然。

3.机智幽默

机智幽默为交际上的润滑剂，要灵活运用它处理可能出现的各种难以处理的问题，以缓和局面，使双方变得轻松愉快。

4.忍耐性要强

要有较强驾驭能力和克制能力，做好耐心、细致的说服和缓解工作，有条不紊地冷静处理突发事件。与乘客之间的沟通交流一方面不需要太多言语，也许只是普通眼神，简单暗示，即可心领神会；另一方面又体现空服人员的人情处世及应变能力。

另外，任何一项服务都是为了贴近乘客的要求，航空服务只有做到想乘客之所想，念乘客之所急，做到以人为本，才能为航空公司抢占先机。因此，作为航空服务人员最基本的一项工作技能，是应该强调服务人员的亲和力。亲和力能够在服务人员与乘客之间搭起一座相互沟通交流的桥梁，使服务人员的工作得以顺利开展。同时，亲和力也是一项重要的工作职责，服务不是流水线上没有感情的产品。虽然大多数乘客选择飞机作为交通工具的主要目的是享受快捷与便利，但心理需求能否满足也是乘客选择再次消费与否的重要依据。乘客普遍对航空公司所提供的服务期望值较高，而亲和力从很大程度上能够满足乘客的心理需求，可以让乘客进一步了解企业，从而起到宣传美誉的效果，发挥口碑作用，缩短乘客与企业之间的距离，使乘客可以尽情享受旅行过程中的快乐，真正实现公司与乘客双赢。

二、加强自身学习力

对于一名即将踏入航空服务业的学生来说，必须要加强自身各方面素质的培养，以适应这一特殊的职业要求。首先要多学习、多积累文化知识，培养自己的公德心。人们常说习惯造就性格，当高素质成为一种习惯后就自然而然地表现出来了。

1. 素质结构要求

思想道德素质方面要求具备过硬的政治素质、思想素质、高尚的道德修养、较强的法制意识、诚信意识、突出的团队意识；文化素质方面要求具备深厚的文化素养、敏锐的现代意识和较强的人际交往意识；专业素质方面要求具备良好的专业素养和创新意识；同时要求学生具备良好的身体素质和心理素质。

2. 能力结构要求

具备较高的航空服务、礼仪服务专业技能、专业外语应用能力、语言表达能力、团结协调能力和灵活应变能力。

3. 知识结构要求

熟练掌握航空服务、礼仪服务专业知识，具备较强的社会科学文化功底和素养。

在平时的工作服务过程中，可以从以下几方面训练自己的服务意识。

1. 业务知识的学习

作为一名航空服务人员，需要掌握许多的知识，比如，在飞往国外的航班上，首先要掌握中国和外国的国家概况、人文地理、政治、经济，航线飞越的国家、城市、河流、山脉以及名胜古迹等。还要掌握飞机的设备、紧急情况的处置、飞行中的服务工作程序以及服务技巧等等。可以说，航空服务人员上要懂得天文地理、下要掌握各种服务技巧和服务理念，不但要有漂亮的外在美，也要有丰富的内在美。

2. 性格和品格的培养

航空服务工作是一项与人直接打交道的工作，每天在机场、飞机上要接触上千名乘客，随时需要与乘客进行沟通，没有一个开朗的性格就无法胜任此项工作。同时，空服人员的工作具有人们想不到的辛苦。飞远程航线时差的不同、各种乘客的不同，工作中遇到的困难和特殊情况随时都会发生，没有吃苦耐劳的精神，就承受不了工作的压力，做不好这份工作。

3. 服务礼仪的学习

主要是指进行礼仪基本知识的传授和基本操作技巧的训练。既强调服务礼仪理论基础，又着重培养民航服务礼仪技能；注重自己职业素养和职业形象的塑造；注重纪律性和团队精神的培养，注重课堂内外相结合。通过基础训练和模拟实训来进行服务礼仪的学习。其中，基础训练要以个人礼仪为主，例如仪容仪表要求、着装要求等。在这部分的训练中，主要通过礼仪规范、行为规范、专业形象、语言表达等方面的强化训练，规范自己的言谈举止。模拟实训主要是进一步提高服务礼仪技能水平，培养满足服务对象的个性以及处理问题和事故的应变能力，以满足航空服务职业活动的特殊要求，适应航空服务业发展的需要。

4. 要学会语言沟通技巧

语言本身代表每一个人的属性，一个人的成长环境会影响每个人的说话习惯，作为一名航空服务人员要学会沟通的艺术。不同的服务语言往往会得出不同的服务结果。如对特殊旅客的沟通技巧、对老年旅客的沟通技巧、对发脾气旅客的沟通技巧、对重要旅客的沟通技巧、对第一次乘飞机的旅客的沟通技巧、对航班不正常时服务的沟通技巧等都要掌握。

5.外语能力的培养

外语主要针对航空服务人员的职业特点，侧重于听和说的能力，也就是交谈能力的培养。航空服务口语有别于普通的英语交谈，可以通过身体语言来补救，它更加强调航空服务人员在今后的服务过程中，注重准确的语言表达能力和对突发事件的紧急处理技巧。

6.要学会微笑

亲切的微笑就是航空服务最佳态度的表现形式，易于乘客接纳，同时树立了企业的良好形象，是企业打开声誉的窗口。在航空运输行业竞争激烈的今天，态度决定成败，微笑战胜一切。所以要掌握主动微笑原则，以此赢得对方满意的回报。

三、发现工作乐趣

航空服务工作，尤其是在飞机上工作是能考验人的忍耐力的，服务人员将在狭小的空间里每天至少度过5个小时，洲际航线将要连续度过10个小时以上。在飞机上工作，意味着必须要有很强的自我调节能力，通过团队的力量来将工作兴趣最大化。

在工作中分享快乐，在客舱中体会与乘客沟通的美感，在服务与接收中获得彼此的理解，交换一种真情，传递一份关爱。选择了这份职业，就是选择了这份热爱。这一特殊的工作，使得航空服务人员心中装得下千千万万个乘客，却难以装下自己的亲人。每逢万家团圆的日子，都是他们最繁忙的时候。当新年的钟声响起的时候，他们都要坚持在工作岗位上。

如果把航空服务工作只看成是一种职业来对待时，将会觉得是极其辛苦和平凡的，乘客只是一个个的工作对象。而当把它看作一种崇高的事业时，对乘客的认识会有一种全新的意义，这样不会再用一般的职业心理去对待他们，而在为他们服务过程中爱的情感会油然而生，工作的辛劳就会变成付出后的欢乐。

空服人员在经过几年的锻炼可以申请飞国际航班，作为拥有国际航线飞行资格的空服人员在到达目的地结束飞行任务后，是可以在当地浏览观光的，当然这需要有足够的停留时间（最好是过夜航班），航线飞到哪里就在哪里旅游，航空公司会无偿地为飞行机组提供住宿。假如公司有飞往世界各地的航班，空服人员就可以飞达目的地后周游各地，不需要自己购买机票，连护照和签证航空公司都会全部办理，这是任何其他职业无法比拟的。例如：北京飞往巴黎的航班乘务组在当地有几个休息日，可以尽情去参观游览埃菲尔铁塔、巴黎圣母院、卢浮宫、凡尔赛宫，感受欧洲文化气息和古代宫廷的奢华。飞往意大利威尼斯的水乡穿梭；想象莎士比亚名著中罗密欧与朱丽叶的真挚爱情；神秘希腊传说中的宙斯、雅典娜，还有引领世界体育运动奥林匹克的发源地，渗透在希腊的每寸土地中。这一切在空服人员的工作中都有机会捷足先登。

航空服务人员的工作岗位也不是一成不变的，公司也会根据发展需要和个人的自身情况，进行人员的岗位调整。地面工作也有转为空中工作的机会，空中工作也有可能会被转到地面的其他部门，从事管理或者教员工作等。所以进入航空公司工作，首要的就是要热爱自己的工作岗位，做好分内的事情，在工作中发现不一样的工作情趣，找到工作的开心点，也就找到了工作的快乐源泉。这样干起工作来，就不会觉得枯燥乏味。随旅客一起走遍五湖四海，领略各地风土民情；去江南感受"春来南国花如绣，雨过西湖水似油"的意境；去老北京看雍和宫，体会那一份虔诚与清幽；去东方明珠领略现代化大都市的繁华与喧闹；一起飞到天南海北，品尝各式美味佳肴，广州的早茶点心、武汉的鸭脖、西安的肉夹馍，新疆的葡萄干……以这样的心态来从事航空服务工作，那么航空服务职业就充满着很多的快乐。

 延伸阅读

快乐诠释

在中国国际航空公司重庆分公司客舱服务部，人们经常会注意到这样一位年轻的乘务员，她总是乐呵呵的，似乎永远也没有烦心事；不论在什么场合，她一旦发现需要自己做的就毫不犹豫地冲上去；在机舱里，她总能发现并及时为需要帮助的乘客提供服务。她，就是仅有1年多飞行经历的乘务员王先奇。说起她的名字，乘务员分部、客舱部，乃至分公司领导都耳熟能详。这是因为她在乘务员分部250名成员中连续考核排名第三的好成绩，并被全国青年文明号"银鹰乘务组"选拔为组员，同时她也承担了班组长的工作和成为客舱服务部质量月先进个人，可以说她找到了自己的"快乐秘方"。

快乐秘方之一：健康

王先奇觉得，不论做任何工作，都需要充沛的精力和热情。不管是日常的航班服务，还是遭遇长时间延误，高昂的热情都会使跟乘客的服务或沟通事半功倍。而要做到这点，就必须拥有健康的体魄。王先奇用跳舞和读书让自己身体健康、心灵充盈。她学习拉丁舞，每周坚持两次在舞池中挥汗如雨。她喜欢阅读哲学、心理类的书籍。《青春的敌人》一书让她认识到，24岁的自己面临的敌人是欲望和浮躁，甚至还有金钱。从《幸福的七种颜色》中领悟了拿得起放得下的态度，学会调节自己，始终使自己保持快乐。

2010年冬，王先奇执行CA4136航班任务，因北京冰雪天气导致航班长时间延误。加上当天前面的两次备降，王先奇总共在航班上服务了20个小时，直到凌晨5点钟才落地回家。长时间的延误服务，对于乘务员的体力消耗是巨大的。但当天王先奇却始终以饱满的热情和充沛的精力为每位乘客服务，总是保持着灿烂的微笑。

快乐秘方之二：发现

透过王先奇的微博，可以看到，机场在晨曦中的壮美、天色与灯光在远处的一线相连，霞光由淡转浓的色彩递进，都会让她感受到美与快乐。在万米高空，她会和同事们兴奋地分享云朵的变换无极、山峰上的白雪皑皑。"美是到处有的，对于我们的

眼睛，不是缺少美，而是缺少发现。"王先奇非常认同法国雕塑家罗丹的这句名言。她俏皮地概括为"要善于发现美人、美事、美景"。

一次，在北京至达州的航班上，一对名单显示是金卡乘客的老年夫妻登机，王先奇在确认金卡乘客时，两位老人却显得很茫然。随后，细心的王先奇发现，发餐发水他们也都不要。对飞机的设施也很不熟悉。王先奇断定：两位老人一定是第一次坐飞机，机票也一定是有金卡资格的人帮他们买的。于是，王先奇悄声地向老人家再次询问："机上餐饮是免费的，两位需要吗？"果然，两位老人一下子答应了。用完餐后，两位老人开始显得有点坐立不安。王先奇轻轻地帮老人解开安全带，搀扶他们走到卫生间门口。等老人落座，王先奇又教他们怎么使用耳机收听戏曲频道，告诉他们落地后怎么取行李，怎么乘车。在下飞机时，这对老年夫妇称赞王先奇："你真是个好姑娘！"善于发现还帮助王先奇在客舱服务中不断实现着自身的价值，充实和愉快了自己的心灵。

快乐秘方之三：传递

2010年10月24日，北京至重庆航班。一位乘客当场留下了以"空中天使"为题的表扬信："国航发展创奇迹，银鹰乘务争第一。微笑服务无人比，最佳当属王先奇。"可王先奇却怎么也想不起那天她有什么特别的地方："我就是和往常一样帮助乘客安放行李，为有需要的乘客提供毛毯，卫生间使用几次后就去清洁一次，没什么特别的。""我自然都是微笑的啊，我每天上机前都会调整好自己，想想高兴的事，想着想着自己就笑了。"

王先奇的经历让她更加坚信自己的判断：快乐是可以相互传递的。她有很多传递快乐的方法。例如，在迎客的时候，在服务的时候，在送客的时候，都报以发自内心的微笑。例如，在知道经济舱会有金卡乘客的时候，她会把毛毯和枕头先放到行李架上。这样，不但保证了金卡乘客的行李可以安放，也可以在乘客需要的时候第一时间提供。

快乐秘方之四：主动

2011年情人节，重庆至北京的航班登机，一大束火红的玫瑰出现在客舱。王先奇和普通女孩子一样顿时感到满目舒爽，可抱花的男士却一脸惆怅。发水的时候，男士拒绝；发餐的时候，依然拒绝。"他一定有心事。"王先奇联想到自己不开心的时候喜欢用笔记下来，写完了心情就好了，但万一这个乘客不喜欢呢。没办法，冒冒险吧。王先奇鼓起勇气对这位男士说："您需要纸和笔吗？有什么开心和不开心的事，写下来，或许会有帮助。"男子犹豫了一下，接受了，开始安静地书写。过了一会儿，王先奇看到他书写完毕，便问他是否需要用餐。此时，该男士明显开朗了起来，接受了饮料，并向王先奇微笑致意。

王先奇说"独乐不如众乐"。主动服务，就可以用自己的爱心换取乘客的舒心和动心。

—— 一位民航记者的报道

四、明确职业社会感

社会主义职业道德要求每一位从业者都要热爱祖国，航空服务人员也不例外。热爱祖国，热爱社会是成为一名合格的航空服务人员的首要条件。这是因为个人从事的工作是社会整体事业的一部分。国家培育了航空服务人员，为航空服务人员创造了良好的工作环境和发挥自己智慧与才能的条件，航空服务人员的一言一行都和社会主义祖国息息相关。在海外乘客的心中，航空服务人员是国家形象的代表。乘客是通过航空服务人员的思想品德和言行举止形成对祖国的第一印象的。因此，航空服务人员应把祖国的利益、社会主义事业摆在第一位，自觉地树立起航空服务职业的社会责任感，并把这份责任感转化为工作的原动力。

职业的社会感，实际上就是职业发展的导航线，是指引着每个人工作前进的大方向，而不是出于个人狭隘的思想境界。职业社会感明确要求自我做任何事情都不能违背职业道德，不能违反国家的法律法规，不能损害国家的整体形象利益；时时刻刻保持一个中国人的良好形象和姿态，惩恶扬善，见义勇为。当国家或集体利益遭受损坏时，要奋不顾身地抢救与保护，并且要求从业者一切从工作的实际需要出发，对工作认真负责、一丝不苟。

 延伸阅读

责任诠释

据中国民航网报道：近日，一则微博在网络上闹得沸沸扬扬。一位博主在微博上宣称：看到纽约时报记者探寻为什么机场过安检时电脑需要拿出来单独接受安检的追踪采访后，得出了要求乘客把电脑拿出来仅仅在"安检表演"的结论叫人触目惊心。众所周知，机场安检是指乘坐民航飞机的乘客在登机前必须接受的一项人身和行李检查项目，这也是为了保证乘客自身安全和民用航空器在空中飞行安全所采取的一项必要措施。在安检口，安检员首先要核对乘客登机牌、身份证，审核无误后在登机牌上盖章。然后用X光安检机对乘客随身携带的物品进行检查，乘客从安检门通过后接受金属探测检查，在人和行李物品一切正常后方能正式进入候机厅。这样的安全检查不仅是对广大的乘客生命安全负责，而且也能够从源头减少和防范影响空防安全事件的发生。

正因为机场安检的重要性和特殊性，所以机场安检会对接受安全检查的乘客做出许多特殊的规定和要求，比如不能携带打火机、火柴和容器容量超过100ml的液体；不能携带枪支、弹药、管制工具及其仿制品；同时为了更快捷的进行安全检查，也会要求乘客在接受安全检查时脱掉外套，以及将笔记本电脑拿出来单独过X光安检机的规定。那么为什么安检部门会针对笔记本电脑做出这样的特殊规定呢？这是因为笔记本电脑和手机、平板电脑不同，它内部有主板、硬盘和其他大量的电子元件，而这些

电子元件在经过X光机时，会让安检员对其他物品形状的判断形成干扰，从而影响操机员对其他物品图像的判断，而笔记本电脑的光驱、电池盒等部位也极容易藏匿违禁物品，所以安检人员对笔记本电脑单独检查只是为了保障安全、提高安检效率、有针对性的举措，而不是故意难为乘客，更不是一场"表演"。恰恰相反正因为对笔记本电脑实行"机包分离"，安检员从X光机呈现的图像中一次就能看清包内物品，从而降低了开箱检查率，在一定程度上大大提升乘客通过安检的速度。

重庆江北机场安检人员通过X光机检查乘客行李时就发现一名男青年随身携带的笔记本的电池仓里竟然藏着一个打火机，随后该青年因为隐藏携带禁运物品被罚款500元，隐藏携带的打火机也被没收。因此，民航每一条规定设置的目的都不是为了难为乘客，这些规定只是民航对以往所发生案例和突发事件的及时总结。很多安全方面的规定甚至是付出血的代价换来的。接受机场安全检查也是民航乘客必须履行的义务，因为只有机场安全检查的完善完美，才能增大民航安全系数，这也是一份职业所需的社会责任感。

五、做好个人职业规划

1.分析角色，给自己一个明确的定位

体现个人价值，首先要明确个人价值。要充分了解、评估个人的"长处"，做好自我剖析与定位。可以从以下几点进行分析。

（1）心理特质

兴趣、性格、智商、情商、潜能、价值观、思维方式、道德水准、态度、人格、需求等。

（2）生理特质

性别、年龄、体能、健康、身高、体重和外貌。

（3）学历资历

教育程度、培训经历、学习成绩、社团活动。

（4）家庭背景

居住环境、父母职业、受教育状况、社会地位、家人的期望等。

2.选择职业，确立个人的职业目标

可以从五个方面来着手进行。

（1）建立正确心态

了解专业所长，虚心学习。

（2）从业素质

从业素质分成基础能力（基础知识、专业知识、实务知识和技能技巧）、业务能力（理解力、判断力、规划力、开发力、表达力、交涉力、协调力、指导力、监督力、统

帅力、执行力等)、素质能力(智力素质、体力素质、性格个性、态度、自我价值观等)。

（3）潜能开发

潜能开发包括参加培训、轮岗、构建人际关系网、课程学习等。此外，竞争机制和指导他人也能有效挖掘自己的潜在能力。

（4）善用学习渠道

善用学习渠道包括向同行、有经验的前辈学习，并利用信息平台、媒体以及参加社团等途径来进行学习。

（5）采取有效方法

善于向优秀者学习，对职业规划的定期检查，总结成功经验以及养成最重要的习惯——持之以恒。

3.及时反省，不断调整目标与计划

有些行动计划，如果不能得以实现，就必须及时地进行反馈与修正。通过回顾过去、总结经验教训、修正自我认知、纠正偏差等，适时考虑对于职业是否应该重新选择，职业规划是否应予修正或变更。

需要说明的是，做好个人职业规划，并不是要完全否定自己、否定过去。而应该在已有成就的基础上，准确评价个人特点和强项，并评估个人目标和现状的差距，准确定位职业方向，重新认识自身的价值并使其增值以发现新的职业机遇，或增强现有的职业竞争力，成就个人职业的持续性成长，进而有一个理想的职业收获。

第四节
航空服务职业前景

民用航空是我国国民经济的重要组成部分，是国家基础型、先导性产业。新中国成立以后，特别是改革开放以来，我国民用航空事业发展取得了举世瞩目的伟大成就。展望未来，民航运输业的发展前景十分广阔。

一、现代航空服务的核心要素

现代航空服务是服务的一种，所以在研究航空服务的核心要素之前，势必要搞清楚"服务"的范畴。何谓服务？"服务是具有无形特征却可给人带来某种利益或满足感的可供有偿转让的一种或一系列活动。"例如乘客购买客票，需要的是从此到彼的空中位移服务。服务质量高低，可以决定票价水平，影响乘客的选择意向。周恩来总理曾为民航题词"保证安全第一，改善服务工作，争取飞行正常"，将民航服务工作放到一个相当重要的位置。做好服务工作，不仅是行业特性的要求，更是企业赖以生存的根本。

从航空企业的角度讲，服务质量的意识和内容的全新现代含义是航线质量。它包括以下几个因素：第一，航线选择。如何选择并确定一条航线；怎样挑选航线的起始点和中间经停点才使企业更有效益；每周经营多少班次才对乘客更有吸引力。简而言之，即航线的流向和流量。航班安排，每一周、每一天的什么时间最适合乘客乘飞机，怎样安排航班可以使客人最方便、经济、有效地衔接上要转乘的航班。第二，设备选用。什么样的机型最适合飞行短、中、长程航线；乘客对所乘航班有什么舒适方面的要求；此外，是否有娱乐方面的要求。第三，票价弹性。根据什么原则制定票价才能既保持与同行竞争的优势，又不丧失客源；怎样满足不同层次乘客对票价的不同要求。第四，订票服务。乘客订票时希望得到哪些有关信息；已订妥座位的乘客是否一定成行；怎么样减少被部分乘客虚耗的座位所带来的经济损失。第五，飞行服务。怎样保证航班正点；航班的餐饮质量是否令客人接受并满意；空服人员是否主动、随时准备着并愿意为客人提供热情、周到、微笑的服务。第六，地面服务。怎样才能保证有关航班的各类信息及时、准确地传递到乘客手中；乘客上机前、下机后经过的种种程序是否顺畅；航班延误、取消时怎样安置乘客。

从顾客角度讲，服务质量是一个量化概念，只有相对标准而无绝对标准。这是因为服务是由一方提供给另一方的。一方永远处于被动的"付出"状态；而另一方永远处于主动的"享受"地位。"付出方"只能是尽其所能最大限度地满足"享受方"的愿望和要求；而"享受方"的要求是随着社会、经济的发展逐步提高的。在特定的社会、经济生活条件下，"付出方"所提供的服务如果不仅满足了"享受方"的愿望和要求，而且还稍稍超过"享受方"的期望，则相对来说，所提供的服务就是高的服务质量。

航空服务的核心是效率，效率的高低，决定了服务质量的优劣。顾客选择航空乘行是希望能以最短的时间到达目的地，效率决定了这次乘行的满意度。民航企业要实现高效率，必须制定符合顾客效率需求的服务规范，来约束工作人员履行各自的岗位职责，用最少的人力和最短时间成本来达到服务满意的最大化。

服务水平是由所有顾客的评价决定的。顾客的感受千差万别，这也决定了服务的难度。顾客对航空服务的最终评价，实际上包含对航空公司、机场、空管、油料、海关、边防等所有相关单位的综合评价。要让这个评价拿到高分，就必须有所有参与者的共同努力。服务质量的高低也表明了航空系统及公司内部各岗位之间的合作默契度。要搞好服务系统的建设，应该按照以下的原则：航空公司以顾客需求为服务中心，保障单位（包括机场、空管等）以航空公司需求为工作核心；航空公司作为乘行合同的缔约人，应当以满足顾客需求为出发点来设计服务内容和程序，这也是航空服务最终的落脚点和服务的最核心要素。

二、航空职业对人才的需求态势

1.我国民航产业发展状况

随着我国经济的发展，国际旅游、商务事务在不断增多，中国经济在全球经济中地位也在不断提高，及中国的GDP连续多年也在高速增长，在这样的大环境下，中国与世界各国在政治、经济、科技、文化等方面的联系日益紧密。随着我国综合国力的提升及国内外旅游业的迅猛发展，我国已成为世界上仅次于美国的第二大航空运输国，其中北京、上海、广州已成为三大国际航空枢纽。据资料显示，2016年我国境内旅客吞吐量已达10.16亿人次，比上年增长11.1%。其中，北京首都国际机场完成旅客吞吐量0.94亿人次，连续七年位居世界第二；上海浦东机场完成货邮吞吐量344.0万吨，连续九年位居世界第三。2016年，年旅客吞吐量100万人次以上的运输机场77个，截至2016年底，民航全行业运输飞机期末在册架数2950架，比上年底增加300架。由此可见，民航业的发展现状十分可喜，民航服务国家经济、服务社会公众的能力将不断增强。

目前国际民航平均人机比是100：1，而我国民航业平均人机比是200：1。这意味着，如按国际标准，"十三五"期间至少需要民航类人才29万人，还不包括大约15%的人员流动，以及由于航空业的发展带来的旅游、物流、空港服务、航油、信息技术应用、航材、客货运代理、市场运营、市场销售等边缘产业的发展带来巨大的人员需求。

2.我国航空类人才需求态势

据国际航空运输协会预测，未来20年中国将需要2400架新飞机。这意味着，以国际民航水平计算，未来20年我国就需要民航类人才24万人，如果以我国的民航水平计算，则需48万人。按照我国民航发展目标，到2020年，我国民航市场将达到目前美国民航市场的水平。目前全美航空公司从业人员超过70万人，而我国的从业人员不足20万，有近50万人的缺口。这个数字也许会根据行业的发展和员工配置而有所调整，但可以肯定的是，在未来很长一段时间内，我国的航空人才都将处于短缺状态。

航空业的人才需求结构是指航空运输各类人才需求的层次、专业技术岗位分布，它决定着航空运输学科专业教育未来的发展方向。国内航空业人才需求结构具有以下基本特点。

（1）以职业型、技术应用型人才为主

在今后相当长的时期内，航空业的人才需求主要集中在"能够胜任一线生产任务的熟练'操作者'"，即能够从事飞机驾驶、管理、运输服务与调度、协调工作的职业型、技术应用型人才，这是现阶段我国航空运输人才需求的大趋势。从航空业各部门的比例看，初、中级人才占全部从业人员的70%左右。在这种情况下，我国航空业人才需求结构在整体上只能是低重心的。这意味着目前，我国航空运输学科专业教育的重点应该是培养具有大专、本科层次的人才，并将提高学生的综合素质摆在突出位置。

（2）对高层次研究型、技术管理型人才的需求不断增长

随着航空运输行业的发展，高层次研究型、技术管理型人才缺乏的问题已经显现出来，行业对这一领域高级专业人才的需求不断增长。

（3）职业忠诚度高的人才更加抢手

人才的稳定性是企业发展不可缺少的要素。航空产业的高速发展时代，需要一大批忠实于工作岗位的员工，他们的稳定性从某种方面也代表着企业的稳定性。人才稳定来自于两个方面，一是学校对人才的培养教育；二是航空公司的培养目标和公司文化理念

的感染，但两者都离不开人才自身的素质修炼。

三、航空服务职业未来前景展望

航空服务业是一个不足百年的新型朝阳行业。第一次世界大战后民航业开始起步，第二次世界大战后迅速发展，20世纪70年代以后民航业朝着大众化方向发展。1997年以后，我国民航业逐步深化机制改革以适应市场经济发展的需要，特别是在党的十八大召开以来，在中央经济工作会议精神的指导下，民航业按照《国务院关于促进民航业发展的若干意见》的中心思想，坚持改革创新，各项工作取得了较大成绩，实现了"十三五"的良好开局。发展规模与发展速度齐头并进，为实现民航强国的梦想打下坚实基础。

应该乐观地看到，我国是个有13亿人口的大国，从人口量来看，我国是欧洲人口总和的3倍，是美洲人口总和的5倍。拥有世界上最大的未开发的航空市场，欧洲空中客运公司，麦道公司、美国波音公司都争相与我国联合生产、签订售机合同。现在世界上每年生产的100座以上的客机，每12架中就有一架是为中国生产的。欧洲空中客车公司、美国波音公司这些海外的航空巨头争先把海外的工厂安居在中国，不难发现中国航空运输业所具有的强大吸引力及巨大的潜力空间。随着国民收入及消费水平都一再增加、消费意识不断增强的新形态下，进一步为民航业的未来发展增添新鲜的活力。在新的经济格局下，中国已成为全球第二大经济国，民航也在世界航空领域占据重要地位。

旅游业及相关产业的蓬勃发展，使越来越多的商务和度假旅客在交通方式上改变传统观念，选择飞机出行，这势必带动民航业的蓬勃发展。到2020年，随着中国经济的快速发展，中国航空运输业年均增长速度将保持10%左右，每百万平方公里拥有机场数量将大幅度增加。航班密度、旅客客运量等各项指标都将快速增长，中国将成为亚太地区乃至全球范围内最重要的航空市场。民航业的高速发展，对民航专业服务与管理人才的需求量也将大大增加。自加入世界贸易组织以来，中国民航人才的国际化需求进一步扩大，对空乘、安保、安检、VIP服务等领域的专门人才的需求与争夺全面展开。从国内各航空企业招聘调查分析显示，国内民航业发达的地区如上海、北京、广州等地区自2005年以来民航人才需求量持续旺盛增长。

未来航空公司的服务发展趋势不再是出售机票、把乘客送到目的地等简单服务，而是在运营环节上的融旅游业、餐饮业在内的延伸服务、增值服务。因此我国的航空服务职业未来发展空间会更加广阔，属于极具发掘潜能的职业。

 **延伸阅读**

发展诠释

《中国民用航空发展第十三个五年规划》提出，"十三五"期间民航旅客周转量比重达到28%；运输总周转量达到1420亿吨公里，旅客运输量7.2亿人次，货邮运输量850万吨，年均分别增长10.8%、10.4%和6.2%。运输机场数量达到260个左右，年起降架次保障能力达到1300万。通用机场达到500个以上，通用航空器达到5000架以上，飞行总量达到200万小时。航空服务品质要明显改善，全面提升运行质量，航班正常率力争达到80%，全面提升服务水平，打造民航"真情服务"品牌。持续改善运营环境，服务领域不断扩展。

另据相关资料显示：2016年，我国境内民用航空（颁证）机场共有218个（不含中国香港、澳门和台湾地区），其中定期航班通航机场216个，定期航班通航城市214个。年旅客吞吐量1000万人次以上的机场有28个，其中首都机场突破9000万人次，上海两个机场合计突破1亿人次。

截至2016年12月，我国已与120个国家和地区签署了双边政府航空运输协定，其中沿线国家占62个。已与43个沿线国家实现空中直航，每周有超过4200个航班。国内航空公司已在"一带一路"沿线的24个国家设立了境外营业部。另外，中国民航局还进一步加快沿线中小机场建设，2016年安排民航发展基金72.4亿元，在沿线省份新建机场11个，续建机场13个。

彰显了大航空时代、国际化航空时代的到来，航空事业的发展必然带来更多的就业机会，对各类航空人才的需求量也会进一步增加。

第五节
职业认知与求职面试

每个人的性格、气质不同，内在修养、行为习惯也不同，航空人要以个人良好的文化素养、渊博的学识、助人爱心作依托，形成一种非凡的职业特质。良好的风范需要长时间的培养和锻炼，将外在的美和内在的美相结合形成航空人特有的气质，而对将来从事的职业进行全方位的认知可以加速这种气质的培养，很好地帮助自己提升职业信念和面试信心。

一、认识职业的多面性

在人们的眼中，航空服务人员身穿漂亮衣服，在优雅漂亮的环境中工作，或穿行于蓝天白云之间，有着无比炫丽的光鲜生活。他们是众人眼中耀眼的星辰，是美丽的化身。然而只有他们自己知道，在光环的背后需要比常人付出更多的耐心和微笑。有位空乘人员在自己的日记里曾这样写道："当所有的人关心你飞得高不高时，却很少有人关心你苦不苦；当所有的人羡慕你无所不能时，面对恶劣的天气，你能做的就是坚守岗位！"

带着"空姐""空哥"的光环给人的感觉是有着光鲜靓丽的外表、优雅得体的举止、轻言细语间绽放出灿烂的笑容。良好的职业素养能把千里行程化作途中小憩，端茶倒水间传递的何止是简单的"服务"二字就能概括，其中超越常人的辛酸和无奈也是常伴左右。

从乘客登机的那一刻起，乘务员的工作并不是想象中那样轻松，特别是作为一名新空乘人员，虽然已经过系统的培训和严格的带飞检查过程，但面对乘客时，还是觉得不自信。

当面对乘客多、行李多的客舱拥挤状况时，要及时地在乘客中疏通过道，这时乘务长和全体乘务人员都必须要有足够的耐心。要是碰到有不明白事理的乘客，更会让乘务人员费尽心机。

另外由于天气原因，飞机延误或者要备降某个机场，有些乘客不理解，情绪往往很激动，这时候乘务员需要面带十二分的微笑，从容细致地给乘客作解释。还要站在乘客的角度换位思考，不管他（她）有多么地冲动，都要笑容依旧。在飞行的这个"空中之家"，乘务员有时是无人陪伴儿童的姐姐、是病残乘客的护士、小婴儿的保姆、甚至有时是行李搬运工。

通过本节的学习，对航空服务职业的多面性有一个新的认知，使面试者在面试过程中保持一个平和的心态，认真地从职业需要出发，回答好面试官提出的问题。

二、为将来的职业成长打好基础

对航空服务职业的认识是职业满意的前提和条件，只有对所选择的这个职业有了必要的清楚认识，无论到了任何岗位上工作，都会显得从容不迫，不会是因职业选择的问题而后悔；也不会因对航空服务职业的一知半解而徒生困惑，或者工作不了多久就无法坚持下去。

职业满意是职业有序成长的关键，因为任何的人对于自身职业的发展渴望都是一个要求提升的过程，一是收入的增加；二是职位的稳固或提高。但这些要求是在满足职业坚持的情况下，才得以实现的。只有对个人所选择的职业满意了，才会有坚持的心理和行为。在岗位坚持中发展与成熟自己的职业，提升个人的职业知名度、美誉度、影响力和职业价值。明确了这一点，对航空服务职业的选择就更加理性和实际。

另外，对职业的认知要克服浮躁的心理，更不可这山看着那山高。任何服务类的职业都离不开和顾客打交道。顾客也是人，他们有喜怒哀乐，有不同的情绪反应，理解顾客首当其冲。对顾客的理解也就是对职业的更深层次的认知。所以说职业认知是职业成长的基础，而职业的成长与进步才是所有努力的目的实现，这样面对面试时才会更加坚定和自信。

顾客诠释

一次北京至珠海航班上，头等舱是满客，还有5名VIP乘客。2排D座是一位外籍乘客，入座后对乘务员还很友善，并不时和乘务员做鬼脸儿开开玩笑。起飞后这名外籍客人一直在睡觉，乘务员忙碌着为VIP一行和其他客人提供餐饮服务。

然而两个小时后，这名外籍乘客忽然怒气冲冲地走到前服务台，大发雷霆，用英语对乘务员说道："两个小时的空中旅行时间里，你们竟然不为我提供任何服务，甚至连一杯水都没有！"说完就返回座位了。乘客突如其来的愤怒使乘务员们很吃惊。头等舱乘务员很委屈地说："乘务长，他一直在睡觉，我不便打扰他呀！"说完立即端了杯水送过去，被这位乘客拒绝；接着她又送去一盘点心，乘客仍然不予理睬。

作为乘务长，眼看着将进入下降阶段，不能让乘客带着怒气下飞机。于是灵机一动和头等舱乘务员用水果制作了一个委屈脸型的水果盘，端到客人的面前，慢慢蹲下来轻声说道："先生，我非常难过！"乘客看到水果拼盘制成的脸谱很吃惊。"真的？为什么难过呀？""其实在航班中我们一直都有关注您，起飞后，您就睡觉了，我们为您盖上了毛毯，关闭了通风孔，后来我发现您把毛毯拿开了，继续在闭目休息。"

乘客情绪开始缓和，并微笑着说道："是的！你们如此真诚，我误解你们了，或许你们也很难意识到我到底是睡着了还是闭目休息，我为我的粗鲁向你们道歉，请原谅！"说完他将那片表示难过的西红柿片360度旋转，立即展现的是一个开心的笑容果盘。

思考练习题

1. 归纳、总结航空服务职业的特点有哪些？
2. 谈谈你对航空服务职业有怎样的认识？
3. 你对民航服务中的各个工作岗位内容了解多少？
4. 你对航空乘客的分类情况知道多少？
5. 谈谈航空服务人员在工作中都担当了哪些角色？
6. 在航空服务中怎么处理乘客的愤怒和不满？
7. 航空服务人员的基本素质修养有哪些？
8. 从本章的延伸阅读中你受到了怎样的启示？
9. 你打算将来如何做好航空服务工作？

附 录 一

航空面试应聘登记表示例

××（国际）航空有限公司应聘登记表

姓名_____应聘岗位_____

性别		出生日期		年 月 日	年龄		近期一寸彩照（粘贴处）
籍贯		民族		婚否			
政治面貌		健康状况		血型			
身高	cm	体重	kg	视力	左	右	

身份证号码		户口所在地	
文化程度		毕业学校	

所学专业		毕业时间	
学历形式	_____（统招/自考/成考/函授）		
英语水平	_____级（_____分）	计算机水平	
性格特征		爱好及特长	

联系方式	移动电话		住宅电话	
	现住地址			
	通讯地址（邮编）			
	电子邮箱			

教育经历	起止年月	学校名称（自高中开始）	专业
	年 月— 年 月		
	年 月— 年 月		
	年 月— 年 月		

培训经历	起止年月	培训项目
	年 月— 年 月	
	年 月— 年 月	
	年 月— 年 月	

实践经历	起止年月	工作单位	工作岗位
	年 月— 年 月		
	年 月— 年 月		
	年 月— 年 月		

家庭其他主要成员	姓名	关系	工作单位	职务	联系电话

自我评价：

五寸个人生活照
（粘贴处）

（图像未经技术处理、无妆、全身、正面、非艺术照、竖版）

说明	**不认真填写，将视为自动放弃面试机会，不予处理。** 1.本表一律用**黑色签字笔**填写。 2.请应聘者**本人填写**，没有项写"无"。	
声明	**本人郑重声明，表中所填内容及提交的材料属实。** 填写人签字（手写签名）： 年 月 日	

注解：

从表中的说明及声明部位可以看出，航空公司在招聘人才时的缜密与严格，从每一个行为细节上强调做事的认真与细致，这是航空服务工作当中必须有的严谨态度。否则就难以适合这个工作岗位。为了从一开始就不要错过招聘机会，对表格中的各项标题看清楚，再填写具体的内容，最好事先打一个草稿，免得填错了在上面留下修改的痕迹，影响正常应聘。

附 录 二

国际城市及中国城市三字代码

1.国际城市三字代码

国家	城市	机场代码	国家	城市	机场代码
阿根廷	布宜诺斯艾利斯	EZE		安克雷奇	ANC
阿联酋	迪拜	DXB		亚特兰大	ATL
	沙迦	SHJ		波士顿	BOS
埃及	开罗	CAI		芝加哥	CHI
埃塞俄比亚	亚的斯亚贝巴	ADD	美国	达拉斯	DFW
澳大利亚	墨尔本	MEL		洛杉矶	LAX
	悉尼	SYD		纽约	NYC
奥地利	维也纳	VIE		西雅图	SEA
巴基斯坦	卡拉奇	KLI		旧金山	SFO
	伊斯兰堡	ISB		华盛顿	WAS
巴林	巴林	BAH	缅甸	仰光	RGN
巴西	巴西利亚	BSB	挪威	奥斯陆	OSL
比利时	布鲁塞尔	BRU		福冈	FUK
朝鲜	平壤	FNJ		长崎	NGS
德国	柏林	BER	日本	大阪	OSA
	法兰克福	ERA		东京	TYO
	汉诺威	HAJ	瑞典	斯德哥尔摩	STO
	汉堡	HAM	瑞士	苏黎世	ZRH
俄罗斯	莫斯科	MOW	泰国	曼谷	BKK
法国	巴黎	PAR	土耳其	伊斯坦布尔	IST
菲律宾	马尼拉	MNL	西班牙	马德里	MAD
芬兰	赫尔辛基	HEL	新加坡	新加坡	SIN
古巴	哈瓦那	HAV	意大利	罗马	ROM
韩国	首尔	ICN	印度	新德里	DEL
加拿大	温哥华	YVR	印度尼西亚	雅加达	JKT
	多伦多	YYZ	英国	伦敦	LON
科威特	科威特	KWI	越南	河内	HAN
老挝	万象	VTE			
罗马尼亚	布加勒斯特	BUH			
马来西亚	吉隆坡	KUL			

2.中国城市三字代码

省、自治区或直辖市	城市	机场代码	省、自治区或直辖市	城市	机场代码
北京市	北京	PEK	浙江省	温州	WNZ
		NAY		义乌	YIW
上海市	上海	PVG		舟山	HSN
		SHA	安徽省	合肥	HFE
天津市	天津	TAN		阜阳	FUG
重庆市	重庆	CKG		黄山	TXN
	万州	WXH		吉安	KNC
河北省	石家庄	SJW	福建省	福州	FOC
	秦皇岛	SHP		厦门	XMN
	山海关	SHF		晋江	JJN
山西省	太原	TYN	江西省	南昌	KHN
	大同	DAT		九江	JIU
	长治	CIH		赣州	KOW
内蒙古自治区	呼和浩特	HET		景德镇	JDZ
	海拉尔	HLD	山东省	济南	TNA
	包头	BAV		青岛	TAO
	通辽	TGO		烟台	YNT
	赤峰	CIF		临沂	LYI
	锡林浩特	XIL	河南省	郑州	CGO
辽宁省	沈阳	SHE		南阳	NNY
	大连	DLC		洛阳	LYA
	丹东	DDG	湖北省	武汉	WUH
	朝阳	CHG		沙市	SHS
吉林省	长春	CGQ		宜昌	YIH
	延吉	YNJ		恩施	ENH
黑龙江省	哈尔滨	HRB		襄樊	XFN
	齐齐哈尔	NDG	湖南省	长沙	CSX
	牡丹江	MDG		常德	CGD
	佳木斯	JMU		张家界	DYG
	黑河	HEK	广东省	广州	CAN

省、自治区或直辖市	城市	机场代码	省、自治区或直辖市	城市	机场代码
江苏省	南京	NKG	广东省	梅州	MXZ
	无锡	WUX		兴宁	XIN
	南通	NTG		汕头	SWA
	盐城	YNZ		深圳	SZX
	徐州	XUZ		珠海	ZUH
	连云港	LYG		湛江	ZHA
	常州	CZX	广西壮族自治区	南宁	NNG
浙江省	杭州	HGH		柳州	LZH
	衢州	JUZ		桂林	KWL
	宁波	NGB		梧州	WUZ
	黄岩	HYN		北海	BHY
海南省	海口	HAK	陕西省	安康	AKA
	三亚	SYX		汉中	HZG
四川省	成都	CTU	甘肃省	兰州	LHW
	九寨沟	JZH		酒泉	CHW
	达州	DAX		敦煌	DNH
	南充	NAO		庆阳	IQN
	西昌	XTC		嘉峪关	JGN
	广汉	GHN	宁夏回族自治区	银川	INC
贵州省	贵阳	KWE	青海省	西宁	XNN
	遵义	ZYI		格尔木	GOQ
	铜仁	TEN	新疆维吾尔自治区	乌鲁木齐	URC
云南省	昆明	KMG		喀什	KHG
	昭通	ZAT		伊宁	YIN
	景洪	JHG		克拉玛依	KRY
	思茅	SYM		阿勒泰	AAT
	大理	DLU		哈密	HMI
	丽江	LJG		和田	HTN
	保山	BSD		库尔勒	KRL
西藏自治区	拉萨	LXA		阿克苏	AKU
陕西省	西安	XKY	香港	香港	HKG
	延安	ENY	澳门	澳门	MFM
	榆林	UYN	台北	台北	TPE

附 录 三

民航法规选录

中华人民共和国民用航空法

1995年10月30日第八届全国人民代表大会常务委员会第十六次会议通过
1995年10月30日中华人民共和国主席令第五十六号公布
自1996年3月1日起施行

2009年8月27日第十一届全国人民代表大会常务委员会第十次会议通过《全国人民代表大会常务委员关于修改部分法律的决定》
2015年4月24日第十二届全国人民代表大会常务委员会第十四次会议第二次修正。
2016年11月7日第十二届全国人民代表大会常务委员会第二十四次会议第三次修正。

第一章 总则

第一条 为了维护国家的领空主权和民用航空权利，保障民用航空活动安全和有秩序地进行，保护民用航空活动当事人各方的合法权益，促进民用航空事业的发展，制定本法。

第二条 中华人民共和国的领陆和领水之上的空域为中华人民共和国领空。中华人民共和国对领空享有完全的、排他的主权。

第三条 国务院民用航空主管部门对全国民用航空活动实施统一监督管理；根据法律和国务院的决定，在本部门的权限内，发布有关民用航空活动的规定、决定。

国务院民用航空主管部门设立的地区民用航空管理机构依照国务院民用航空主管部门的授权，监督管理各个地区的民用航空活动。

第四条 国家扶持民用航空事业的发展，鼓励和支持发展民用航空的科学研究和教育事业，提高民用航空科学技术水平。

国家扶持民用航空器制造业的发展，为民用航空活动提供安全、先进、经济、适用的民用航空器。

第二章 民用航空器国籍

第五条 本法所称民用航空器，是指除用于执行军事、海关、警察飞行任务外的航空器。

第六条 经中华人民共和国国务院民用航空主管部门依法进行国籍登记的民用航空器，具有中华人民共和国国籍，由国务院民用航空主管部门发给国籍登记证书。

国务院民用航空主管部门设立中华人民共和国民用航空器国籍登记簿，统一记载民用航空器的国籍登记事项。

第七条 下列民用航空器应当进行中华人民共和国国籍登记：

（一）中华人民共和国国家机构的民用航空器；

（二）依照中华人民共和国法律设立的企业法人的民用航空器；企业法人的注册资本中有外商出资的，其机构设置、人员组成和中方投资人的出资比例，应当符合行政法规的规定；

（三）国务院民用航空主管部门准予登记的其他民用航空器。

自境外租赁的民用航空器，承租人符合前款规定，该民用航空器的机组人员由承租人配备的，可以申请登记中华人民共和国国籍，但是必须先予注销该民用航空器原国籍登记。

第八条　依法取得中华人民共和国国籍的民用航空器，应当标明规定的国籍标志和登记标志。

第九条　民用航空器不得具有双重国籍。未注销外国国籍的民用航空器不得在中华人民共和国申请国籍登记。

第三章　民用航空器权利

第一节　一般规定

第十条　本章规定的对民用航空器的权利，包括对民用航空器构架、发动机、螺旋桨、无线电设备和其他一切为了在民用航空器上使用的，无论安装于其上或者暂时拆离的物品的权利。

第十一条　民用航空器权利人应当就下列权利分别向国务院民用航空主管部门办理权利登记：

（一）民用航空器所有权；

（二）通过购买行为取得并占有民用航空器的权利；

（三）根据租赁期限为六个月以上的租赁合同占有民用航空器的权利；

（四）民用航空器抵押权。

第十二条　国务院民用航空主管部门设立民用航空器权利登记簿。同一民用航空器的权利登记事项应当记载于同一权利登记簿中。

民用航空器权利登记事项，可以供公众查询、复制或者摘录。

第十三条　除民用航空器经依法强制拍卖外，在已经登记的民用航空器权利得到补偿或者民用航空器权利人同意之前，民用航空器的国籍登记或者权利登记不得转移至国外。

第二节　民用航空器所有权和抵押权

第十四条　民用航空器所有权的取得、转让和消灭，应当向国务院民用航空主管部门登记；未经登记的，不得对抗第三人。

民用航空器所有权的转让，应当签订书面合同。

第十五条　国家所有的民用航空器，由国家授予法人经营管理或者使用的，本法有关民用航空器所有人的规定适用于该法人。

第十六条　设定民用航空器抵押权，由抵押权人和抵押人共同向国务院民用航空主管部门办理抵押权登记；未经登记的，不得对抗第三人。

第十七条　民用航空器抵押权设定后，未经抵押权人同意，抵押人不得将被抵押民用航空器转让他人。

第三节　民用航空器优先权

第十八条　民用航空器优先权，是指债权人依照本法第十九条规定，向民用航空器所有人、承租人提出赔偿请求，对产生该赔偿请求的民用航空器具有优先受偿的权利。

第十九条　下列各项债权具有民用航空器优先权：

（一）援救该民用航空器的报酬；

（二）保管维护该民用航空器的必需费用。

前款规定的各项债权，后发生的先受偿。

第二十条　本法第十九条规定的民用航空器优先权，其债权人应当自援救或者保管维护工作终了之日起三个月内，就其债权向国务院民用航空主管部门登记。

第二十一条　为了债权人的共同利益，在执行人民法院判决以及拍卖过程中产生的费用，应当从民用航空器拍卖所得价款中先行拨付。

第二十二条　民用航空器优先权先于民用航空器抵押权受偿。

第二十三条　本法第十九条规定的债权转移的，其民用航空器优先权随之转移。

第二十四条　民用航空器优先权应当通过人民法院扣押产生优先权的民用航空器行使。

第二十五条　民用航空器优先权自援救或者保管维护工作终了之日起满三个月时终止；但是，债权人就其债权已经依照本法第二十条规定登记，并具有下列情形之一的除外：

（一）债权人、债务人已经就此项债权的金额达成协议；

（二）有关此项债权的诉讼已经开始。

民用航空器优先权不因民用航空器所有权的转让而消灭；但是，民用航空器经依法强制拍卖的除外。

第四节　民用航空器租赁

第二十六条　民用航空器租赁合同，包括融资租赁合同和其他租赁合同，应当以书面形式订立。

第二十七条　民用航空器的融资租赁，是指出租人按照承租人对供货方和民用航空器的选择，购得民用航空器，出租给承租人使用，由承租人定期交纳租金。

第二十八条　融资租赁期间，出租人依法享有民用航空器所有权，承租人依法享有民用航空器的占有、使用、收益权。

第二十九条　融资租赁期间，出租人不得干扰承租人依法占有、使用民用航空器；承租人应当适当地保管民用航空器，使之处于原交付时的状态，但是合理损耗和经出租人同意的对民用航空器的改变除外。

第三十条　融资租赁期满，承租人应当将符合本法第二十九条规定状态的民用航空器退还出租人；但是，承租人依照合同行使购买民用航空器的权利或者为继续租赁而占有民用航空器的除外。

第三十一条　民用航空器融资租赁中的供货方，不就同一损害同时对出租人和承租人承担责任。

第三十二条　融资租赁期间，经出租人同意，在不损害第三人利益的情况下，承租人可以转让其对民用航空器的占有权或者租赁合同约定的其他权利。

第三十三条　民用航空器的融资租赁和租赁期限为六个月以上的其他租赁，承租人应当就其对民用航空器的占有权向国务院民用航空主管部门办理登记；未经登记的，不得对抗第三人。

第四章　民用航空器适航管理

第三十四条　设计民用航空器及其发动机、螺旋桨和民用航空器上设备，应当向国务院民用航空主管部门申请领取型号合格证书。经审查合格的，发给型号合格证书。

第三十五条　生产、维修民用航空器及其发动机、螺旋桨和民用航空器上设备，应当向国务院民用航空主管部门申请领取生产许可证书、维修许可证书。经审查合格的，发给相应的证书。

第三十六条　外国制造人生产的任何型号的民用航空器及其发动机、螺旋桨和民用航空器上设备，首次进口中国的，该外国制造人应当向国务院民用航空主管部门申请领取型号认可证书。经审查合格的，发给型号认可证书。

已取得外国颁发的型号合格证书的民用航空器及其发动机、螺旋桨和民用航空器上设备，首次在中国境内生产的，该型号合格证书的持有人应当向国务院民用航空主管部门申请领取型号认可证书。经审查合格的，发给型号认可证书。

第三十七条　具有中华人民共和国国籍的民用航空器，应当持有国务院民用航空主管部门颁发的适航证书，方可飞行。

出口民用航空器及其发动机、螺旋桨和民用航空器上设备，制造人应当向国务院民用航空主管部门申请领取出口适航证书。经审查合格的，发给出口适航证书。

租用的外国民用航空器，应当经国务院民用航空主管部门对其原国籍登记国发给的适航证书审查认可或者另发适航证书，方可飞行。

民用航空器适航管理规定，由国务院制定。

第三十八条　民用航空器的所有人或者承租人应当按照适航证书规定的使用范围使用民用航空器，做好民用航空器的维修保养工作，保证民用航空器处于适航状态。

第五章　航空人员

第一节　一般规定

第三十九条　本法所称航空人员，是指下列从事民用航空活动的空勤人员和地面人员：

（一）空勤人员，包括驾驶员、领航员、飞行机械人员、飞行通信员、乘务员；

（二）地面人员，包括民用航空器维修人员、空中交通管制员、飞行签派员、航空电台通信员。

第四十条　航空人员应当接受专门训练，经考核合格，取得国务院民用航空主管部门颁发的执照，方可担任其执照载明的工作。

空勤人员和空中交通管制员在取得执照前，还应当接受国务院民用航空主管部门认可的体格检查单位的检查，并取得国务院民用航空主管部门颁发的体格检查合格证书。

第四十一条　空勤人员在执行飞行任务时，应当随身携带执照和体格检查合格证书，并接受国务院民用航空主管部门的查验。

第四十二条　航空人员应当接受国务院民用航空主管部门定期或者不定期的检查和考核；经检查、考核合格的，方可继续担任其执照载明的工作。

空勤人员还应当参加定期的紧急程序训练。

空勤人员间断飞行的时间超过国务院民用航空主管部门规定时限的，应当经过检查和考核；乘务员以外的空勤人员还应当经过带飞。经检查、考核、带飞合格的，方可继续担任其执照载明的工作。

第二节　机组

第四十三条　民用航空器机组由机长和其他空勤人员组成。机长应当由具有独立驾驶该型号民用航空器的技术和经验的驾驶员担任。

机组的组成和人员数额，应当符合国务院民用航空主管部门的规定。

第四十四条　民用航空器的操作由机长负责，机长应当严格履行职责，保护民用航空器及其所载人员和财产的安全。

机长在其职权范围内发布的命令，民用航空器所载人员都应当执行。

第四十五条　飞行前，机长应当对民用航空器实施必要的检查；未经检查，不得起飞。

机长发现民用航空器、机场、气象条件等不符合规定，不能保证飞行安全的，有权拒绝起飞。

第四十六条　飞行中，对于任何破坏民用航空器、扰乱民用航空器内秩序、危害民用航空器所载人员或者财产安全以及其他危及飞行安全的行为，在保证安全的前提下，机长有权采取必要的适当措施。

飞行中，遇到特殊情况时，为保证民用航空器及其所载人员的安全，机长有权对民用航空器作出处置。

第四十七条　机长发现机组人员不适宜执行飞行任务的，为保证飞行安全，有权提出调整。

第四十八条　民用航空器遇险时，机长有权采取一切必要措施，并指挥机组人员和航空器上其他人员采取抢救措施。在必须撤离遇险民用航空器的紧急情况下，机长必须采取措施，首先组织旅客安全离开民用航空器；未经机长允许，机组人员不得擅自离开民用航空器；机长应当最后离开民用航空器。

第四十九条　民用航空器发生事故，机长应当直接或者通过空中交通管制单位，如实将事故情况及时报告国务院民用航空主管部门。

第五十条　机长收到船舶或者其他航空器的遇险信号，或者发现遇险的船舶、航空器及其人员，应当将遇险情况及时报告就近的空中交通管制单位并给予可能的合理的援助。

第五十一条　飞行中，机长因故不能履行职务的，由仅次于机长职务的驾驶员代理机长；在下一个经停地起飞前，民用航空器所有人或者承租人应当指派新机长接任。

第五十二条　只有一名驾驶员，不需配备其他空勤人员的民用航空器，本节对机长的规定，适用于该驾驶员。

第六章　民用机场

第五十三条　本法所称民用机场，是指专供民用航空器起飞、降落、滑行、停放以及进行其他活动使用的划定区域，包括附属的建筑物、装置和设施。

本法所称民用机场不包括临时机场。

军民合用机场由国务院、中央军事委员会另行制定管理办法。

第五十四条　民用机场的建设和使用应当统筹安排、合理布局，提高机场的使用效率。

全国民用机场的布局和建设规划，由国务院民用航空主管部门会同国务院其他有关部门制定，并按照国家规定的程序，经批准后组织实施。

省、自治区、直辖市人民政府应当根据全国民用机场的布局和建设规划，制定本行政区域内的民用机场建设规划，并按照国家规定的程序报经批准后，将其纳入本级国民经济和社会发展规划。

第五十五条　民用机场建设规划应当与城市建设规划相协调。

第五十六条　新建、改建和扩建民用机场，应当符合依法制定的民用机场布局和建设规划，符合民用机场标准，并按照国家规定报经有关主管机关批准并实施。

不符合依法制定的民用机场布局和建设规划的民用机场建设项目，不得批准。

第五十七条　新建、扩建民用机场，应当由民用机场所在地县级以上地方人民政府发布公告。

前款规定的公告应当在当地主要报纸上刊登，并在拟新建、扩建机场周围地区张贴。

第五十八条　禁止在依法划定的民用机场范围内和按照国家规定划定的机场净空保护区域内从事下列活动：

（一）修建可能在空中排放大量烟雾、粉尘、火焰、废气而影响飞行安全的建筑物或者设施；

（二）修建靶场、强烈爆炸物仓库等影响飞行安全的建筑物或者设施；

（三）修建不符合机场净空要求的建筑物或者设施；

（四）设置影响机场目视助航设施使用的灯光、标志或者物体；

（五）种植影响飞行安全或者影响机场助航设施使用的植物；

（六）饲养、放飞影响飞行安全的鸟类动物和其他物体；

（七）修建影响机场电磁环境的建筑物或者设施。

禁止在依法划定的民用机场范围内放养牲畜。

第五十九条　民用机场新建、扩建的公告发布前，在依法划定的民用机场范围内和按照国家规定划定的机场净空保护区域内存在的可能影响飞行安全的建筑物、构筑物、树木、灯光和其他障碍物体，应当在规定的期限内清除；对由此造成的损失，应当给予补偿或者依法采取其他补救措施。

第六十条　民用机场新建、扩建的公告发布后，任何单位和个人违反本法和有关行政法规的规定，在依法划定的民用机场范围内和按照国家规定划定的机场净空保护区域内修建、种植或者设置影响飞行安全的建筑物、构筑物、树木、灯光和其他障碍物体的，由机场所在地县级以上地方人民政府责令清除；由此造成的损失，由修建、种植或者设置该障碍物体的人承担。

第六十一条　在民用机场及其按照国家规定划定的净空保护区域以外，对可能影响飞行安全的高大建筑物或者设施，应当按照国家有关规定设置飞行障碍灯和标志，并使其保持正常状态。

第六十二条　民用机场应当持有机场使用许可证，方可开放使用。

民用机场具备下列条件，并按照国家规定经验收合格后，方可申请机场使用许可证：

（一）具备与其运营业务相适应的飞行区、航站区、工作区以及服务设施和人员；

（二）具备能够保障飞行安全的空中交通管制、通信导航、气象等设施和人员；

（三）具备符合国家规定的安全保卫条件；

（四）具备处理特殊情况的应急计划以及相应的设施和人员；

（五）具备国务院民用航空主管部门规定的其他条件。

国际机场还应当具备国际通航条件，设立海关和其他口岸检察机关。

第六十三条　民用机场使用许可证由机场管理机构向国务院民用航空主管部门申请，经国务院民用航空主管部门审查批准后颁发。

第六十四条　设立国际机场，由国务院民用航空主管部门报请国务院审查批准。

国际机场的开放使用，由国务院民用航空主管部门对外公告；国际机场资料由国务院民用航空主管部门统一对外提供。

第六十五条　民用机场应当按照国务院民用航空主管部门的规定，采取措施，保证机场内人员和财产的安全。

第六十六条　供运输旅客或者货物的民用航空器使用的民用机场，应当按照国务院民用航空主管部门规定的标准，设置必要设施，为旅客和货物托运人、收货人提供良好服务。

第六十七条　民用机场管理机构应当依照环境保护法律、行政法规的规定，做好机场环境保护工作。

第六十八条　民用航空器使用民用机场及其助航设施的，应当缴纳使用费、服务费；使用费、服务费的收费标准，由国务院民用航空主管部门制定。

第六十九条　民用机场废弃或者改作他用，民用机场管理机构应当依照国家规定办理报批手续。

第七章　空中航行

第一节　空域管理

第七十条　国家对空域实行统一管理。

第七十一条　划分空域，应当兼顾民用航空和国防安全的需要以及公众的利益，使空域得到合理、充分、有效的利用。

第七十二条　空域管理的具体办法，由国务院、中央军事委员会制定。

第二节　飞行管理

第七十三条　在一个划定的管制空域内，由一个空中交通管制单位负责该空域内的航空器的空中交通管制。

第七十四条　民用航空器在管制空域内进行飞行活动，应当取得空中交通管制单位的许可。

第七十五条　民用航空器应当按照空中交通管制单位指定的航路和飞行高度飞行；因故确需偏离指定的航路或者改变飞行高度飞行的，应当取得空中交通管制单位的许可。

第七十六条　在中华人民共和国境内飞行的航空器，必须遵守统一的飞行规则。

进行目视飞行的民用航空器，应当遵守目视飞行规则，并与其他航空器、地面障碍物体保持安全距离。

进行仪表飞行的民用航空器，应当遵守仪表飞行规则。

飞行规则由国务院、中央军事委员会制定。

第七十七条　民用航空器机组人员的飞行时间、执勤时间不得超过国务院民用航空主管部门规定的时限。

民用航空器机组人员受到酒类饮料、麻醉剂或者其他药物的影响，损及工作能力的，不得执行飞行任务。

第七十八条　民用航空器除按照国家规定经特别批准外，不得飞入禁区；除遵守规定的限制条件外，不得飞入限制区。

前款规定的禁区和限制区，依照国家规定划定。

第七十九条　民用航空器不得飞越城市上空；但是，有下列情形之一的除外：

（一）起飞、降落或者指定的航路所必需的；

（二）飞行高度足以使该航空器在发生紧急情况时离开城市上空，而不致危及地面上的人员、财产安全的；

（三）按照国家规定的程序获得批准的。

第八十条　飞行中，民用航空器不得投掷物品；但是，有下列情形之一的除外：

（一）飞行安全所必需的；

（二）执行救助任务或者符合社会公共利益的其他飞行任务所必需的。

第八十一条　民用航空器未经批准不得飞出中华人民共和国领空。

对未经批准正在飞离中华人民共和国领空的民用航空器，有关部门有权根据具体情况采取必要措施，予以制止。

第三节 飞行保障

第八十二条 空中交通管制单位应当为飞行中的民用航空器提供空中交通服务，包括空中交通管制服务、飞行情报服务和告警服务。

提供空中交通管制服务，旨在防止民用航空器同航空器、民用航空器同障碍物体相撞，维持并加速空中交通的有秩序的活动。

提供飞行情报服务，旨在提供有助于安全和有效地实施飞行的情报和建议。

提供告警服务，旨在当民用航空器需要搜寻援救时，通知有关部门，并根据要求协助该有关部门进行搜寻援救。

第八十三条 空中交通管制单位发现民用航空器偏离指定航路、迷失航向时，应当迅速采取一切必要措施，使其回归航路。

第八十四条 航路上应当设置必要的导航、通信、气象和地面监视设备。

第八十五条 航路上影响飞行安全的自然障碍物体，应当在航图上标明；航路上影响飞行安全的人工障碍物体，应当设置飞行障碍灯和标志，并使其保持正常状态。

第八十六条 在距离航路边界三十公里以内的地带，禁止修建靶场和其他可能影响飞行安全的设施；但是，平射轻武器靶场除外。

在前款规定地带以外修建固定的或者临时性对空发射场，应当按照国家规定获得批准；对空发射场的发射方向，不得与航路交叉。

第八十七条 任何可能影响飞行安全的活动，应当依法获得批准，并采取确保飞行安全的必要措施，方可进行。

第八十八条 国务院民用航空主管部门应当依法对民用航空无线电台和分配给民用航空系统使用的专用频率实施管理。

任何单位或者个人使用的无线电台和其他仪器、装置，不得妨碍民用航空无线电专用频率的正常使用。对民用航空无线电专用频率造成有害干扰的，有关单位或者个人应当迅速排除干扰；未排除干扰前，应当停止使用该无线电台或者其他仪器、装置。

第八十九条 邮电通信企业应当对民用航空电信传递优先提供服务。

国家气象机构应当对民用航空气象机构提供必要的气象资料。

第四节 飞行必备文件

第九十条 从事飞行的民用航空器，应当携带下列文件：

（一）民用航空器国籍登记证书；

（二）民用航空器适航证书；

（三）机组人员相应的执照；

（四）民用航空器航行记录簿；

（五）装有无线电设备的民用航空器，其无线电台执照；

（六）载有旅客的民用航空器，其所载旅客姓名及其出发地点和目的地点的清单；

（七）载有货物的民用航空器，其所载货物的舱单和明细的申报单；

（八）根据飞行任务应当携带的其他文件。

民用航空器未按规定携带前款所列文件的，国务院民用航空主管部门或者其授权的地区民用航空管理机构可以禁止该民用航空器起飞。

第八章　公共航空运输企业

第九十一条　公共航空运输企业，是指以营利为目的，使用民用航空器运送旅客、行李、邮件或者货物的企业法人。

第九十二条　企业从事公共航空运输，应当向国务院民用航空主管部门申请领取经营许可证。

第九十三条　取得公共航空运输经营许可，应当具备下列条件：

（一）有符合国家规定的适应保证飞行安全要求的民用航空器；

（二）有必需的依法取得执照的航空人员；

（三）有不少于国务院规定的最低限额的注册资本；

（四）法律、行政法规规定的其他条件。

第九十四条　公共航空运输企业的组织形式、组织机构适用公司法的规定。

本法施行前设立的公共航空运输企业，其组织形式、组织机构不完全符合公司法规定的，可以继续沿用原有的规定，适用前款规定的日期由国务院规定。

第九十五条　公共航空运输企业应当以保证飞行安全和航班正常，提供良好服务为准则，采取有效措施，提高运输服务质量。

公共航空运输企业应当教育和要求本企业职工严格履行职责，以文明礼貌、热情周到的服务态度，认真做好旅客和货物运输的各项服务工作。

旅客运输航班延误的，应当在机场内及时通告有关情况。

第九十六条　公共航空运输企业申请经营定期航班运输（以下简称航班运输）的航线，暂停、终止经营航线，应当报经国务院民用航空主管部门批准。

公共航空运输企业经营航班运输，应当公布班期时刻。

第九十七条　公共航空运输企业的营业收费项目，由国务院民用航空主管部门确定。

国内航空运输的运价管理办法，由国务院民用航空主管部门会同国务院物价主管部门制定，报国务院批准后执行。

国际航空运输运价的制定按照中华人民共和国政府与外国政府签订的协定、协议的规定执行；没有协定、协议的，参照国际航空运输市场价格确定。

第九十八条　公共航空运输企业从事不定期运输，应当经国务院民用航空主管部门批准，并不得影响航班运输的正常经营。

第九十九条　公共航空运输企业应当依照国务院制定的公共航空运输安全保卫规定，制定安全保卫方案，并报国务院民用航空主管部门备案。

第一百条　公共航空运输企业不得运输法律、行政法规规定的禁运物品。

公共航空运输企业未经国务院民用航空主管部门批准，不得运输作战军火、作战物资。

禁止旅客随身携带法律、行政法规规定的禁运物品乘坐民用航空器。

第一百零一条　公共航空运输企业运输危险品，应当遵守国家有关规定。

禁止以非危险品品名托运危险品。

禁止旅客随身携带危险品乘坐民用航空器。除因执行公务并按照国家规定经过批准外，禁止旅客携带枪支、管制刀具乘坐民用航空器。禁止违反国务院民用航空主管部门的规定将危险品作为行李托运。

危险品品名由国务院民用航空主管部门规定并公布。

第一百零二条　公共航空运输企业不得运输拒绝接受安全检查的旅客，不得违反国家规定运输未经安全检查的行李。

公共航空运输企业必须按照国务院民用航空主管部门的规定，对承运的货物进行安全检查或者采取其他保证安全的措施。

第一百零三条　公共航空运输企业从事国际航空运输的民用航空器及其所载人员、行李、货物应当接受边防、海关、检疫等主管部门的检查；但是，检查时应当避免不必要的延误。

第一百零四条　公共航空运输企业应当依照有关法律、行政法规的规定优先运输邮件。

第一百零五条　公共航空运输企业应当投保地面第三人责任险。

第九章　公共航空运输

第一节　一般规定

第一百零六条　本章适用于公共航空运输企业使用民用航空器经营的旅客、行李或者货物的运输，包括公共航空运输企业使用民用航空器办理的免费运输。

本章不适用于使用民用航空器办理的邮件运输。

对多式联运方式的运输，本章规定适用于其中的航空运输部分。

第一百零七条　本法所称国内航空运输，是指根据当事人订立的航空运输合同，运输的出发地点、约定的经停地点和目的地点均在中华人民共和国境内的运输。

本法所称国际航空运输，是指根据当事人订立的航空运输合同，无论运输有无间断或者有无转运，运输的出发地点、目的地点或者约定的经停地点之一不在中华人民共和国境内的运输。

第一百零八条　航空运输合同各方认为几个连续的航空运输承运人办理的运输是一项单一业务活动的，无论其形式是以一个合同订立或者数个合同订立，应当视为一项不可分割的运输。

第二节　运输凭证

第一百零九条　承运人运送旅客，应当出具客票。旅客乘坐民用航空器，应当交验有效客票。

第一百一十条　客票应当包括的内容由国务院民用航空主管部门规定，至少应当包括以下内容：

（一）出发地点和目的地点；

（二）出发地点和目的地点均在中华人民共和国境内，而在境外有一个或者数个约定的经停地点的，至少注明一个经停地点；

（三）旅客航程的最终目的地点、出发地点或者约定的经停地点之一不在中华人民共和国境内，依照所适用的国际航空运输公约的规定，应当在客票上声明此项运输适用该公约的，客票上应当载有该项声明。

第一百一十一条　客票是航空旅客运输合同订立和运输合同条件的初步证据。

旅客未能出示客票、客票不符合规定或者客票遗失，不影响运输合同的存在或者有效。

在国内航空运输中，承运人同意旅客不经其出票而乘坐民用航空器的，承运人无权援用本法第一百二十八条有关赔偿责任限制的规定。

在国际航空运输中，承运人同意旅客不经其出票而乘坐民用航空器的，或者客票上未依照本法第一百一十条第（三）项的规定声明的，承运人无权援用本法第一百二十九条有关赔偿责任限制的规定。

第一百一十二条　承运人载运托运行李时，行李票可以包含在客票之内或者与客票相结合。除本法第一百一十条的规定外，行李票还应当包括下列内容：

（一）托运行李的件数和重量；

（二）需要声明托运行李在目的地点交付时的利益的，注明声明金额。

行李票是行李托运和运输合同条件的初步证据。

旅客未能出示行李票、行李票不符合规定或者行李票遗失，不影响运输合同的存在或者有效。

在国内航空运输中，承运人载运托运行李而不出具行李票的，承运人无权援用本法第一百二十八条有关赔偿责任限制的规定。

在国际航空运输中，承运人载运托运行李而不出具行李票的，或者行李票上未依照本法第一百一十条第（三）项的规定声明的，承运人无权援用本法第一百二十九条有关赔偿责任限制的规定。

第一百一十三条　承运人有权要求托运人填写航空货运单，托运人有权要求承运人接受该航空货运单。托运人未能出示航空货运单、航空货运单不符合规定或者航空货运单遗失，不影响运输合同的存在或者有效。

第一百一十四条　托运人应当填写航空货运单正本一式三份，连同货物交给承运人。

航空货运单第一份注明"交承运人"，由托运人签字、盖章；第二份注明"交收货人"，由托运人和承运人签字、盖章；第三份由承运人在接受货物后签字、盖章，交给托运人。

承运人根据托运人的请求填写航空货运单的，在没有相反证据的情况下，应当视为代托运人填写。

第一百一十五条　航空货运单应当包括的内容由国务院民用航空主管部门规定，至少应当包括以下内容：

（一）出发地点和目的地点；

（二）出发地点和目的地点均在中华人民共和国境内，而在境外有一个或者数个约定的经停地点的，至少注明一个经停地点；

（三）货物运输的最终目的地点、出发地点或者约定的经停地点之一不在中华人民共和国境内，依照所适用的国际航空运输公约的规定，应当在货运单上声明此项运输适用该公约的，货运单上应当载有该项声明。

第一百一十六条　在国内航空运输中，承运人同意未经填具航空货运单而载运货物的，承运人无权援用本法第一百二十八条有关赔偿责任限制的规定。

在国际航空运输中，承运人同意未经填具航空货运单而载运货物的，或者航空货运单上未依照本法第一百一十五条第（三）项的规定声明的，承运人无权援用本法第一百二十九条有关赔偿责任限制的规定。

第一百一十七条　托运人应当对航空货运单上所填关于货物的说明和声明的正确性负责。

因航空货运单上所填的说明和声明不符合规定、不正确或者不完全，给承运人或者承运人对之负责的其他人造成损失的，托运人应当承担赔偿责任。

第一百一十八条　航空货运单是航空货物运输合同订立和运输条件以及承运人接受货物的初步证据。

航空货运单上关于货物的重量、尺寸、包装和包装件数的说明具有初步证据的效力。除经过承运人和托运人当面查对并在航空货运单上注明经过查对或者书写关于货物的外表情况的说明外，航空货运单上关于货物的数量、体积和情况的说明不能构成不利于承运人的证据。

第一百一十九条　托运人在履行航空货物运输合同规定的义务的条件下，有权在出发地机场或者目的地机场将货物提回，或者在途中经停时中止运输，或者在目的地点或者途中要求将货物交给非航空货运单上指定的收货人，或者要求将货物运回出发地机场；但是，托运人不得因行使此种权利而使承运人或者其他托运人遭受损失，并应当偿付由此产生的费用。

托运人的指示不能执行的，承运人应当立即通知托运人。

承运人按照托运人的指示处理货物，没有要求托运人出示其所收执的航空货运单，给该航空货运单的合法持有人造成损失的，承运人应当承担责任，但是不妨碍承运人向托运人追偿。

收货人的权利依照本法第一百二十条规定开始时，托运人的权利即告终止；但是，收货人拒绝接受航空货运单或者货物，或者承运人无法同收货人联系的，托运人恢复其对货物的处置权。

第一百二十条　除本法第一百一十九条所列情形外，收货人于货物到达目的地点，并在缴付应付款项和履行航空货运单上所列运输条件后，有权要求承运人移交航空货运单并交付货物。

除另有约定外，承运人应当在货物到达后立即通知收货人。

承运人承认货物已经遗失，或者货物在应当到达之日起七日后仍未到达的，收货人有权向承运人行使航空货物运输合同所赋予的权利。

第一百二十一条　托运人和收货人在履行航空货物运输合同规定的义务的条件下，无论为本人或者他人的利益，可以以本人的名义分别行使本法第一百一十九条和第一百二十条所赋予的权利。

第一百二十二条　本法第一百一十九条、第一百二十条和第一百二十一条的规定，不影响托运人同收货人之间的相互关系，也不影响从托运人或者收货人获得权利的第三人之间的关系。

任何与本法第一百一十九条、第一百二十条和第一百二十一条规定不同的合同条款，应当在航空货运单上载明。

第一百二十三条　托运人应当提供必需的资料和文件，以便在货物交付收货人前完成法律、行政法规规定的有关手续；因没有此种资料、文件，或者此种资料、文件不充足或者不符合规定造成的损失，除由于承运人或者其受雇人、代理人的过错造成的外，托运人应当对承运人承担责任。

除法律、行政法规另有规定外，承运人没有对前款规定的资料或者文件进行检查的义务。

第三节　承运人的责任

第一百二十四条　因发生在民用航空器上或者在旅客上、下民用航空器过程中的事件，造成旅客人身伤亡的，承运人应当承担责任；但是，旅客的人身伤亡完全是由于旅客本人的健康状况造成的，承运人不承担责任。

第一百二十五条　因发生在民用航空器上或者在旅客上、下民用航空器过程中的事件，造成旅客随身携带物品毁灭、遗失或者损坏的，承运人应当承担责任。因发生在航空运输期间的事件，造成旅客的托运行李毁灭、遗失或者损坏的，承运人应当承担责任。

旅客随身携带物品或者托运行李的毁灭、遗失或者损坏完全是由于行李本身的自然属性、质量或者缺陷造成的，承运人不承担责任。

本章所称行李，包括托运行李和旅客随身携带的物品。

因发生在航空运输期间的事件，造成货物毁灭、遗失或者损坏的，承运人应当承担责任；但是，承运人证明货物的毁灭、遗失或者损坏完全是由于下列原因之一造成的，不承担责任：

（一）货物本身的自然属性、质量或者缺陷；

（二）承运人或者其受雇人、代理人以外的人包装货物的，货物包装不良；

（三）战争或者武装冲突；

（四）政府有关部门实施的与货物入境、出境或者过境有关的行为。

本条所称航空运输期间，是指在机场内、民用航空器上或者机场外降落的任何地点，托运行李、货物处于承运人掌管之下的全部期间。

航空运输期间，不包括机场外的任何陆路运输、海上运输、内河运输过程；但是，此种陆路运输、海上运输、内河运输是为了履行航空运输合同而装载、交付或者转运，在没有相反证据的情况下，所发生的损失视为在航空运输期间发生的损失。

第一百二十六条　旅客、行李或者货物在航空运输中因延误造成的损失，承运人应当承担责任；但是，承运人证明本人或者其受雇人、代理人为了避免损失的发生，已经采取一切必要措施或者不可能采取此种措施的，不承担责任。

第一百二十七条　在旅客、行李运输中，经承运人证明，损失是由索赔人的过错造成或者促成的，应当根据造成或者促成此种损失的过错的程度，相应免除或者减轻承运人的责任。旅客以外的其他人就旅客死亡或者受伤提出赔偿请求时，经承运人证明，死亡或者受伤是旅客本人的过错造成或者促成的，同样应当根据造成或者促成此种损失的过错的程度，相应免除或者减轻承运人的责任。

在货物运输中，经承运人证明，损失是由索赔人或者代行权利人的过错造成或者促成的，应当根据造成或者促成此种损失的过错的程度，相应免除或者减轻承运人的责任。

第一百二十八条　国内航空运输承运人的赔偿责任限额由国务院民用航空主管部门制定，报国务院批准后公布执行。

旅客或者托运人在交运托运行李或者货物时，特别声明在目的地点交付时的利益，并在必要时支付附加费的，除承运人证明旅客或者托运人声明的金额高于托运行李或者货物在目的地点交付时的实际利益外，承运人应当在声明金额范围内承担责任；本法第一百二十九条的其他规定，除赔偿责任限额外，适用于国内航空运输。

第一百二十九条　国际航空运输承运人的赔偿责任限额按照下列规定执行：

（一）对每名旅客的赔偿责任限额为16600计算单位；但是，旅客可以同承运人书面约定高于本项规定的赔偿责任限额。

（二）对托运行李或者货物的赔偿责任限额，每公斤为17计算单位。旅客或者托运人在交运托运行李或者货物时，特别声明在目的地点交付时的利益，并在必要时支付附加费的，除承运人证明旅客或者托运人声明的金额高于托运行李或者货物在目的地点交付时的实际利益外，承运人应当在声明金额范围内承担责任。

托运行李或者货物的一部分或者托运行李、货物中的任何物件毁灭、遗失、损坏或者延误的，用以确定承运人赔偿责任限额的重量，仅为该一包件或者数包件的总重量；但是，因托运行李或者货物的一部分或者托运行李、货物中的任何物件的毁灭、遗失、损坏或者延误，影响同一份行李票或者同一份航空货运单所列其他包件的价值的，确定承运人的赔偿责任限额时，此种包件的总重量也应当考虑在内。

（三）对每名旅客随身携带的物品的赔偿责任限额为332计算单位。

第一百三十条　任何旨在免除本法规定的承运人责任或者降低本法规定的赔偿责任限额的条款，均属无效；但是，此种条款的无效，不影响整个航空运输合同的效力。

第一百三十一条　有关航空运输中发生的损失的诉讼，不论其根据如何，只能依照本法规定的条件和赔偿责任限额提出，但是不妨碍谁有权提起诉讼以及他们各自的权利。

第一百三十二条　经证明，航空运输中的损失是由于承运人或者其受雇人、代理人的故意或者明知可能造成损失而轻率地作为或者不作为造成的，承运人无权援用本法第一百二十八条、第一百二十九条有关赔偿责任限制的规定；证明承运人的受雇人、代理人有此种作为或者不作为的，还应当证明该受雇人、代理人是在受雇、代理范围内行事。

第一百三十三条　就航空运输中的损失向承运人的受雇人、代理人提起诉讼时，该受雇人、代理人证明他是在受雇、代理范围内行事的，有权援用本法第一百二十八条、第一百二十九条有关赔偿责任限制的规定。

在前款规定情形下，承运人及其受雇人、代理人的赔偿总额不得超过法定的赔偿责任限额。

经证明，航空运输中的损失是由于承运人的受雇人、代理人的故意或者明知可能造成损失而轻率地作为或者不作为造成的，不适用本条第一款和第二款的规定。

第一百三十四条　旅客或者收货人收受托运行李或者货物而未提出异议，为托运行李或者货物已经完好交付并与运输凭证相符的初步证据。

托运行李或者货物发生损失的，旅客或者收货人应当在发现损失后向承运人提出异议。托运行李发生损失的，至迟应当自收到托运行李之日起七日内提出；货物发生损失的，至迟应当自收到货物之日起十四日内提出。托运行李或者货物发生延误的，至迟应当自托运行李或者货物交付旅客或者收货人处置之日起二十一日内提出。

任何异议均应当在前款规定的期间内写在运输凭证上或者另以书面提出。

除承运人有欺诈行为外，旅客或者收货人未在本条第二款规定的期间内提出异议的，不能向承运人提出索赔诉讼。

第一百三十五条　航空运输的诉讼时效期间为二年，自民用航空器到达目的地点、应当到达目的地点或者运输终止之日起计算。

第一百三十六条　由几个航空承运人办理的连续运输，接受旅客、行李或者货物的每一个承运人应当受本法规定的约束，并就其根据合同办理的运输区段作为运输合同的订约一方。

对前款规定的连续运输，除合同明文约定第一承运人应当对全程运输承担责任外，旅客或者其继承人只能对发生事故或者延误的运输区段的承运人提起诉讼。

托运行李或者货物的毁灭、遗失、损坏或者延误，旅客或者托运人有权对第一承运人提起诉讼，旅客或者收货人有权对最后承运人提起诉讼，旅客、托运人和收货人均可以对发生毁灭、遗失、损坏或者延误的运输区段的承运人提起诉讼。上述承运人应当对旅客、托运人或者收货人承担连带责任。

第四节　实际承运人履行航空运输的特别规定

第一百三十七条　本节所称缔约承运人，是指以本人名义与旅客或者托运人，或者与旅客或者托运人的代理人，订立本章调整的航空运输合同的人。

本节所称实际承运人，是指根据缔约承运人的授权，履行前款全部或者部分运输的人，不是指本章规定的连续承运人；在没有相反证明时，此种授权被认为是存在的。

第一百三十八条　除本节另有规定外，缔约承运人和实际承运人都应当受本章规定的约束。缔约承运人应当对合同约定的全部运输负责。实际承运人应当对其履行的运输负责。

第一百三十九条　实际承运人的作为和不作为，实际承运人的受雇人、代理人在受雇、代理范围内的作为和不作为，关系到实际承运人履行的运输的，应当视为缔约承运人的作为和不作为。

缔约承运人的作为和不作为，缔约承运人的受雇人、代理人在受雇、代理范围内的作为和不作为，关系到实际承运人履行的运输的，应当视为实际承运人的作为和不作为；但是，实际承运人承担的责任不因此种作为或者不作为而超过法定的赔偿责任限额。

任何有关缔约承运人承担本章未规定的义务或者放弃本章赋予的权利的特别协议，或者任何有关依照本法第一百二十八条、第一百二十九条规定所作的在目的地点交付时利益的特别声明，除经实际承运人同意外，均不得影响实际承运人。

第一百四十条　依照本章规定提出的索赔或者发出的指示，无论是向缔约承运人还是向实际承运人提出或者发出的，具有同等效力；但是，本法第一百一十九条规定的指示，只在向缔约承运人发出时，方有效。

第一百四十一条　实际承运人的受雇人、代理人或者缔约承运人的受雇人、代理人，证明他是在受雇、代理范围内行事的，就实际承运人履行的运输而言，有权援用本法第一百二十八条、第一百二十九条有关赔偿责任限制的规定，但是依照本法规定不得援用赔偿责任限制规定的除外。

第一百四十二条　对于实际承运人履行的运输，实际承运人、缔约承运人以及他们的在受雇、代理范围内行事的受雇人、代理人的赔偿总额不得超过依照本法得以从缔约承运人或者实际承运人获得赔偿的最高数额；但是，其中任何人都不承担超过对他适用的赔偿责任限额。

第一百四十三条　对实际承运人履行的运输提起的诉讼，可以分别对实际承运人或者缔约承运人提起，也可以同时对实际承运人和缔约承运人提起；被提起诉讼的承运人有权要求另一承运人参加应诉。

第一百四十四条　除本法第一百四十三条规定外，本节规定不影响实际承运人和缔约承运人之间的权利、义务。

第十章　通用航空

第一百四十五条　通用航空，是指使用民用航空器从事公共航空运输以外的民用航空活动，包括从事工业、农业、林业、渔业和建筑业的作业飞行以及医疗卫生、抢险救灾、气象探测、海洋监测、科学实验、教育训练、文化体育等方面的飞行活动。

第一百四十六条　从事通用航空活动，应当具备下列条件：

（一）有与所从事的通用航空活动相适应，符合保证飞行安全要求的民用航空器；

（二）有必需的依法取得执照的航空人员；

（三）符合法律、行政法规规定的其他条件。

从事经营性通用航空，限于企业法人。

第一百四十七条　从事非经营性通用航空的，应当向国务院民用航空主管部门办理登记。

从事经营性通用航空的，应当向国务院民用航空主管部门申请领取通用航空经营许可证，并依法办理工商登记；未取得经营许可证的，工商行政管理部门不得办理工商登记。

第一百四十八条　通用航空企业从事经营性通用航空活动，应当与用户订立书面合同，但是紧急情况下的救护或者救灾飞行除外。

第一百四十九条　组织实施作业飞行时，应当采取有效措施，保证飞行安全，保护环境和生态平衡，防止对环境、居民、作物或者牲畜等造成损害。

第一百五十条　从事通用航空活动的，应当投保地面第三人责任险。

第十一章　搜寻援救和事故调查

第一百五十一条　民用航空器遇到紧急情况时，应当发送信号，并向空中交通管制单位报告，提出援救请求；空中交通管制单位应当立即通知搜寻援救协调中心。民用航空器在海上遇到紧急情况时，还应当向船舶和国家海上搜寻援救组织发送信号。

第一百五十二条　发现民用航空器遇到紧急情况或者收听到民用航空器遇到紧急情况的信号的单位或者个人，应当立即通知有关的搜寻援救协调中心、海上搜寻援救组织或者当地人民政府。

第一百五十三条　收到通知的搜寻援救协调中心、地方人民政府和海上搜寻援救组织，应当立即组织搜寻援救。

收到通知的搜寻援救协调中心，应当设法将已经采取的搜寻援救措施通知遇到紧急情况的民用航空器。

搜寻援救民用航空器的具体办法，由国务院规定。

第一百五十四条　执行搜寻援救任务的单位或者个人，应当尽力抢救民用航空器所载人员，按照规定对民用航空器采取抢救措施并保护现场，保存证据。

第一百五十五条　民用航空器事故的当事人以及有关人员在接受调查时，应当如实提供现场情况和与事故有关的情节。

第一百五十六条　民用航空器事故调查的组织和程序，由国务院规定。

第十二章　对地面第三人损害的赔偿责任

第一百五十七条　因飞行中的民用航空器或者从飞行中的民用航空器上落下的人或者物，造成地面（包括水面，下同）上的人身伤亡或者财产损害的，受害人有权获得赔偿；但是，所受损害并非造成损害的事故的直接后果，或者所受损害仅是民用航空器依照国家有关的空中交通规则在空中通过造成的，受害人无权要求赔偿。

前款所称飞行中，是指自民用航空器为实际起飞而使用动力时起至着陆冲程终了时止；就轻于空气的民用航空器而言，飞行中是指自其离开地面时起至其重新着地时止。

第一百五十八条　本法第一百五十七条规定的赔偿责任，由民用航空器的经营人承担。

前款所称经营人，是指损害发生时使用民用航空器的人。民用航空器的使用权已经直接或者间接地授予他人，本人保留对该民用航空器的航行控制权的，本人仍被视为经营人。

经营人的受雇人、代理人在受雇、代理过程中使用民用航空器，无论是否在其受雇、代理范围内行事，均视为经营人使用民用航空器。

民用航空器登记的所有人应当被视为经营人，并承担经营人的责任；除非在判定其责任的诉讼中，所有人证明经营人是他人，并在法律程序许可的范围内采取适当措施使该人成为诉讼当事人之一。

第一百五十九条　未经对民用航空器有航行控制权的人同意而使用民用航空器，对地面第三人造成损害的，有航行控制权的人除证明本人已经适当注意防止此种使用外，应当与该非法使用人承担连带责任。

第一百六十条　损害是武装冲突或者骚乱的直接后果，依照本章规定应当承担责任的人不承担责任。

依照本章规定应当承担责任的人对民用航空器的使用权业经国家机关依法剥夺的，不承担责任。

第一百六十一条　依照本章规定应当承担责任的人证明损害是完全由于受害人或者其受雇人、代理人的过错造成的，免除其赔偿责任；应当承担责任的人证明损害是部分由于受害人或者其受雇人、代理人的过错造成的，相应减轻其赔偿责任。但是，损害是由于受害人的受雇人、代理人的过错造成时，受害人证明其受雇人、代理人的行为超出其所授权的范围的，不免除或者不减轻应当承担责任的人的赔偿责任。

一人对另一人的死亡或者伤害提起诉讼，请求赔偿时，损害是该另一人或者其受雇人、代理人的过错造成的，适用前款规定。

第一百六十二条　两个以上的民用航空器在飞行中相撞或者相扰，造成本法第一百五十七条规定的应当赔偿的损害，或者两个以上的民用航空器共同造成此种损害的，各有关民用航空器均应当被认为已经造成此种损害，各有关民用航空器的经营人均应当承担责任。

第一百六十三条　本法第一百五十八条第四款和第一百五十九条规定的人，享有依照本章规定经营人所能援用的抗辩权。

第一百六十四条　除本章有明确规定外，经营人、所有人和本法第一百五十九条规定的应当承担责任的人，以及他们的受雇人、代理人，对于飞行中的民用航空器或者从飞行中的民用航空器上落下的人或者物造成的地面上的损害不承担责任，但是故意造成此种损害的人除外。

第一百六十五条　本章不妨碍依照本章规定应当对损害承担责任的人向他人追偿的权利。

第一百六十六条　民用航空器的经营人应当投保地面第三人责任险或者取得相应的责任担保。

第一百六十七条　保险人和担保人除享有与经营人相同的抗辩权，以及对伪造证件进行抗辩的权利外，对依照本章规定提出的赔偿请求只能进行下列抗辩：

（一）损害发生在保险或者担保终止有效后；然而保险或者担保在飞行中期满的，

该项保险或者担保在飞行计划中所载下一次降落前继续有效，但是不得超过二十四小时；

（二）损害发生在保险或者担保所指定的地区范围外，除非飞行超出该范围是由于不可抗力、援助他人所必需，或者驾驶、航行或者领航上的差错造成的。

前款关于保险或者担保继续有效的规定，只在对受害人有利时适用。

第一百六十八条　仅在下列情形下，受害人可以直接对保险人或者担保人提起诉讼，但是不妨碍受害人根据有关保险合同或者担保合同的法律规定提起直接诉讼的权利：

（一）根据本法第一百六十七条第（一）项、第（二）项规定，保险或者担保继续有效的；

（二）经营人破产的。

除本法第一百六十七条第一款规定的抗辩权，保险人或者担保人对受害人依照本章规定提起的直接诉讼不得以保险或者担保的无效或者追溯力终止为由进行抗辩。

第一百六十九条　依照本法第一百六十六条规定提供的保险或者担保，应当被专门指定优先支付本章规定的赔偿。

第一百七十条　保险人应当支付给经营的款项，在本章规定的第三人的赔偿请求未满足前，不受经营人的债权人的扣留和处理。

第一百七十一条　地面第三人损害赔偿的诉讼时效期间为二年，自损害发生之日起计算；但是，在任何情况下，时效期间不得超过自损害发生之日起三年。

第一百七十二条　本章规定不适用于下列损害：

（一）对飞行中的民用航空器或者对该航空器上的人或者物造成的损害；

（二）为受害人同经营人或者同发生损害时对民用航空器有使用权的人订立的合同所约束，或者为适用两方之间的劳动合同的法律有关职工赔偿的规定所约束的损害；

（三）核损害。

第十三章　对外国民用航空器的特别规定

第一百七十三条　外国人经营的外国民用航空器，在中华人民共和国境内从事民用航空活动，适用本章规定；本章没有规定的，适用本法其他有关规定。

第一百七十四条　外国民用航空器根据其国籍登记国政府与中华人民共和国政府签订的协定、协议的规定，或者经中华人民共和国国务院民用航空主管部门批准或者接受，方可飞入、飞出中华人民共和国领空和在中华人民共和国境内飞行、降落。

对不符合前款规定，擅自飞入、飞出中华人民共和国领空的外国民用航空器，中华人民共和国有关机关有权采取必要措施，令其在指定的机场降落；对虽然符合前款规定，但是有合理的根据认为需要对其进行检查的，有关机关有权令其在指定的机场降落。

第一百七十五条　外国民用航空器飞入中华人民共和国领空，其经营人应当提供有关证明书，证明其已经投保地面第三人责任险或者已经取得相应的责任担保；其经营人未提供有关证明书的，中华人民共和国国务院民用航空主管部门有权拒绝其飞入中华人民共和国领空。

第一百七十六条　外国民用航空器的经营人经其本国政府指定，并取得中华人民共和国国务院民用航空主管部门颁发的经营许可证，方可经营中华人民共和国政府与该外国政府签订的协定、协议规定的国际航班运输；外国民用航空器的经营人经其本国政府批准，并获得中华人民共和国国务院民用航空主管部门批准，方可经营中华人民共和国境内一地和境外一地之间的不定期航空运输。

前款规定的外国民用航空器经营人，应当依照中华人民共和国法律、行政法规的规定，制定相应的安全保卫方案，报中华人民共和国国务院民用航空主管部门备案。

第一百七十七条　外国民用航空器的经营人，不得经营中华人民共和国境内两点之间的航空运输。

第一百七十八条　外国民用航空器，应当按照中华人民共和国国务院民用航空主管部门批准的班期时刻或者飞行计划飞行；变更班期时刻或者飞行计划的，其经营人应当获得中华人民共和国国务院民用航空主管部门的批准；因故变更或者取消飞行的，其经营人应当及时报告中华人民共和国国务院民用航空主管部门。

第一百七十九条　外国民用航空器应当在中华人民共和国国务院民用航空主管部门指定的设关机场起飞或者降落。

第一百八十条　中华人民共和国国务院民用航空主管部门和其他主管机关，有权在外国民用航空器降落或者飞出时查验本法第九十条规定的文件。

外国民用航空器及其所载人员、行李、货物，应当接受中华人民共和国有关主管机关依法实施的入境出境、海关、检疫等检查。

实施前两款规定的查验、检查，应当避免不必要的延误。

第一百八十一条　外国民用航空器国籍登记国发给或者核准的民用航空器适航证书、机组人员合格证书和执照，中华人民共和国政府承认其有效；但是，发给或者核准此项证书或者执照的要求，应当等于或者高于国际民用航空组织制定的最低标准。

第一百八十二条　外国民用航空器在中华人民共和国搜寻援救区内遇险，其所有人或者国籍登记国参加搜寻援救工作，应当经中华人民共和国国务院民用航空主管部门批准或者按照两国政府协议进行。

第一百八十三条　外国民用航空器在中华人民共和国境内发生事故，其国籍登记国和其他有关国家可以指派观察员参加事故调查。事故调查报告和调查结果，由中华人民共和国国务院民用航空主管部门告知该外国民用航空器的国籍登记国和其他有关国家。

第十四章　涉外关系的法律适用

第一百八十四条　中华人民共和国缔结或者参加的国际条约同本法有不同规定的，适用国际条约的规定；但是，中华人民共和国声明保留的条款除外。

中华人民共和国法律和中华人民共和国缔结或者参加的国际条约没有规定的，可以适用国际惯例。

第一百八十五条　民用航空器所有权的取得、转让和消灭，适用民用航空器国籍登记国法律。

第一百八十六条　民用航空器抵押权适用民用航空器国籍登记国法律。

第一百八十七条　民用航空器优先权适用受理案件的法院所在地法律。

第一百八十八条　民用航空运输合同当事人可以选择合同适用的法律，但是法律另有规定的除外；合同当事人没有选择的，适用与合同有最密切联系的国家的法律。

第一百八十九条　民用航空器对地面第三人的损害赔偿，适用侵权行为地法律。

民用航空器在公海上空对水面第三人的损害赔偿，适用受理案件的法院所在地法律。

第一百九十条　依照本章规定适用外国法律或者国际惯例，不得违背中华人民共和国的社会公共利益。

第十五章　法律责任

第一百九十一条　以暴力、胁迫或者其他方法劫持航空器的，依照关于惩治劫持航空器犯罪分子的决定追究刑事责任。

第一百九十二条　对飞行中的民用航空器上的人员使用暴力，危及飞行安全，尚未造成严重后果的，依照刑法第一百零五条的规定追究刑事责任；造成严重后果的，依照刑法第一百零六条的规定追究刑事责任。

第一百九十三条　违反本法规定，隐匿携带炸药、雷管或者其他危险品乘坐民用航空器，或者以非危险品品名托运危险品，尚未造成严重后果的，比照刑法第一百六十三条的规定追究刑事责任；造成严重后果的，依照刑法第一百一十条的规定追究刑事责任。

企业事业单位犯前款罪的，判处罚金，并对直接负责的主管人员和其他直接责任人员依照前款规定追究刑事责任。

隐匿携带枪支子弹、管制刀具乘坐民用航空器的，比照刑法第一百六十三条的规定追究刑事责任。

第一百九十四条　公共航空运输企业违反本法第一百零一条的规定运输危险品的，由国务院民用航空主管部门没收违法所得，可以并处违法所得一倍以下的罚款。

公共航空运输企业有前款行为，导致发生重大事故的，没收违法所得，判处罚金；并对直接负责的主管人员和其他直接责任人员依照刑法第一百一十五条的规定追究刑事责任。

第一百九十五条　故意在使用中的民用航空器上放置危险品或者唆使他人放置危险品，足以毁坏该民用航空器，危及飞行安全，尚未造成严重后果的，依照刑法第一百零七条的规定追究刑事责任；造成严重后果的，依照刑法第一百一十条的规定追究刑事责任。

第一百九十六条　故意传递虚假情报，扰乱正常飞行秩序，使公私财产遭受重大损失的，依照刑法第一百五十八条的规定追究刑事责任。

第一百九十七条　盗窃或者故意损毁、移动使用中的航行设施，危及飞行安全，足以使民用航空器发生坠落、毁坏危险，尚未造成严重后果的，依照刑法第一百零八条的规定追究刑事责任；造成严重后果的，依照刑法第一百一十条的规定追究刑事责任。

第一百九十八条　聚众扰乱民用机场秩序的，依照刑法第一百五十九条的规定追究刑事责任。

第一百九十九条　航空人员玩忽职守，或者违反规章制度，导致发生重大飞行事故，造成严重后果的，分别依照、比照刑法第一百八十七条或者第一百一十四条的规定追究刑事责任。

第二百条　违反本法规定，尚不够刑事处罚，应当给予治安管理处罚的，依照治安管理处罚条例的规定处罚。

第二百零一条　违反本法第三十七条的规定，民用航空器无适航证书而飞行，或者租用的外国民用航空器未经国务院民用航空主管部门对其原国籍登记国发给的适航证书审查认可或者另发适航证书而飞行的，由国务院民用航空主管部门责令停止飞行，没收违法所得，可以并处违法所得一倍以上五倍以下的罚款；没有违法所得的，处以十万元以上一百万元以下的罚款。

适航证书失效或者超过适航证书规定范围飞行的，依照前款规定处罚。

第二百零二条　违反本法第三十四条、第三十六条第二款的规定，将未取得型号合格证书、型号认可证书的民用航空器及其发动机、螺旋桨或者民用航空器上的设备投入生产的，由国务院民用航空主管部门责令停止生产，没收违法所得，可以并处违法所得一倍以下的罚款；没有违法所得的，处以五万元以上五十万元以下的罚款。

第二百零三条　违反本法第三十五条的规定，未取得生产许可证书、维修许可证书而从事生产、维修活动的，违反本法第九十二条、第一百四十七条第二款的规定，未取得公共航空运输经营许可证或者通用航空经营许可证而从事公共航空运输或者从事经营性通用航空的，国务院民用航空主管部门可以责令停止生产、维修或者经营活动。

第二百零四条　已取得本法第三十五条规定的生产许可证书、维修许可证书的企业，因生产、维修的质量问题造成严重事故的，国务院民用航空主管部门可以吊销其生产许可证书或者维修许可证书。

第二百零五条　违反本法第四十条的规定，未取得航空人员执照、体格检查合格证书而从事相应的民用航空活动的，由国务院民用航空主管部门责令停止民用航空活动，在国务院民用航空主管部门规定的限期内不得申领有关执照和证书，对其所在单位处以二十万元以下的罚款。

第二百零六条　有下列违法情形之一的，由国务院民用航空主管部门对民用航空器的机长给予警告或者吊扣执照一个月至六个月的处罚，情节较重的，可以给予吊销执照的处罚：

（一）机长违反本法第四十五条第一款的规定，未对民用航空器实施检查而起飞的；

（二）民用航空器违反本法第七十五条的规定，未按照空中交通管制单位指定的航路和飞行高度飞行，或者违反本法第七十九条的规定飞越城市上空的。

第二百零七条　违反本法第七十四条的规定，民用航空器未经空中交通管制单位许可进行飞行活动的，由国务院民用航空主管部门责令停止飞行，对该民用航空器所有人或者承租人处以一万元以上十万元以下的罚款；对该民用航空器的机长给予警告或者吊扣执照一个月至六个月的处罚，情节较重的，可以给予吊销执照的处罚。

第二百零八条 民用航空器的机长或者机组其他人员有下列行为之一的，由国务院民用航空主管部门给予警告或者吊扣执照一个月至六个月的处罚；有第（二）项或者第（三）项所列行为的，可以给予吊销执照的处罚：

（一）在执行飞行任务时，不按照本法第四十一条的规定携带执照和体格检查合格证书的；

（二）民用航空器遇险时，违反本法第四十八条的规定离开民用航空器的；

（三）违反本法第七十七条第二款的规定执行飞行任务的。

第二百零九条 违反本法第八十条的规定，民用航空器在飞行中投掷物品的，由国务院民用航空主管部门给予警告，可以对直接责任人员处以二千元以上二万元以下的罚款。

第二百一十条 违反本法第六十二条的规定，未取得机场使用许可证开放使用民用机场的，由国务院民用航空主管部门责令停止开放使用；没收违法所得，可以并处违法所得一倍以下的罚款。

第二百一十一条 公共航空运输企业、通用航空企业违反本法规定，情节较重的，除依照本法规定处罚外，国务院民用航空主管部门可以吊销其经营许可证。

第二百一十二条 国务院民用航空主管部门和地区民用航空管理机构的工作人员，玩忽职守、滥用职权、徇私舞弊，构成犯罪的，依法追究刑事责任；尚不构成犯罪的，依法给予行政处分。

第十六章 附 则

第二百一十三条 本法所称计算单位，是指国际货币基金组织规定的特别提款权；其人民币数额为法院判决之日、仲裁机构裁决之日或者当事人协议之日，按照国家外汇主管机关规定的国际货币基金组织的特别提款权对人民币的换算办法计算得出的人民币数额。

中华人民共和国民用航空安全保卫条例

（1996年7月6日中华人民共和国国务院令第201号发布）

第一章 总 则

第一条 为了防止对民用航空活动的非法干扰，维护民用航空秩序，保障民用航空安全，制定本条例。

第二条 本条例适用于在中华人民共和国领域内的一切民用航空活动以及与民用航空活动有关的单位和个人。

在中华人民共和国领域外从事民用航空活动的具有中华人民共和国国籍的民用航空器适用本条例；但是，中华人民共和国缔结或者参加的国际条约另有规定的除外。

第三条　民用航空安全保卫工作实行统一管理、分工负责的原则。

民用航空公安机关（以下简称民航公安机关）负责对民用航空安全保卫工作实施统一管理、检查和监督。

第四条　有关地方人民政府与民用航空单位应当密切配合，共同维护民用航空安全。

第五条　旅客、货物托运人和收货人以及其他进入机场的人员，应当遵守民用航空安全管理的法律、法规和规章。

第六条　民用机场经营人和民用航空器经营人应当履行下列职责：

（一）制定本单位民用航空安全保卫方案，并报国务院民用航空主管部门备案；

（二）严格实行有关民用航空安全保卫的措施；

（三）定期进行民用航空安全保卫训练，及时消除危及民用航空安全的隐患。

与中华人民共和国通航的外国民用航空企业，应当向国务院民用航空主管部门报送民用航空安全保卫方案。

第七条　公民有权向民航公安机关举报预谋劫持、破坏民用航空器或者其他危害民用航空安全的行为。

第八条　对维护民用航空安全做出突出贡献的单位或者个人，由有关人民政府或者国务院民用航空主管部门给予奖励。

第二章　民用机场的安全保卫

第九条　民用机场（包括军民合用机场中的民用部分，下同）的新建、改建或者扩建，应当符合国务院民用航空主管部门关于民用机场安全保卫设施建设的规定。

第十条　民用机场开放使用，应当具备下列安全保卫条件：

（一）设有机场控制区并配备专职警卫人员；

（二）设有符合标准的防护围栏和巡逻通道；

（三）设有安全保卫机构并配备相应的人员和装备；

（四）设有安全检查机构并配备与机场运输量相适应的人员和检查设备；

（五）设有专职消防组织并按照机场消防等级配备人员和设备；

（六）订有应急处置方案并配备必要的应急援救设备。

第十一条　机场控制区应当根据安全保卫的需要，划定为候机隔离区、行李分拣装卸区、航空器活动区和维修区、货物存放区等，并分别设置安全防护设施和明显标志。

第十二条　机场控制区应当有严密的安全保卫措施，实行封闭式分区管理。具体管理办法由国务院民用航空主管部门制定。

第十三条　人员与车辆进入机场控制区，必须佩带机场控制区通行证并接受警卫人员的检查。

机场控制区通行证，由民航公安机关按照国务院民用航空主管部门的有关规定制发和管理。

第十四条　在航空器活动区和维修区内的人员、车辆必须按照规定路线行进，车辆、设备必须在指定位置停放，一切人员、车辆必须避让航空器。

第十五条　停放在机场的民用航空器必须有专人警卫；各有关部门及其工作人员必须严格执行航空器警卫交接制度。

第十六条　机场内禁止下列行为：

（一）攀（钻）越、损毁机场防护围栏及其他安全防护设施；

（二）在机场控制区内狩猎、放牧、晾晒谷物、教练驾驶车辆；

（三）无机场控制区通行证进入机场控制区；

（四）随意穿越航空器跑道、滑行道；

（五）强行登、占航空器；

（六）谎报险情，制造混乱；

（七）扰乱机场秩序的其他行为。

第三章　民用航空营运的安全保卫

第十七条　承运人及其代理人出售客票，必须符合国务院民用航空主管部门的有关规定；对不符合规定的，不得售予客票。

第十八条　承运人办理承运手续时，必须核对乘机人和行李。

第十九条　旅客登机时，承运人必须核对旅客人数。

对已经办理登机手续而未登机的旅客的行李，不得装入或者留在航空器内。

旅客在航空器飞行中途中止旅行时，必须将其行李卸下。

第二十条　承运人对承运的行李、货物，在地面存储和运输期间，必须有专人监管。

第二十一条　配制、装载供应品的单位对装入航空器的供应品，必须保证其安全性。

第二十二条　航空器在飞行中的安全保卫工作由机长统一负责。

航空安全员在机长领导下，承担安全保卫的具体工作。

机长、航空安全员和机组其他成员，应当严格履行职责，保护民用航空器及其所载人员和财产的安全。

第二十三条　机长在执行职务时，可以行使下列权力：

（一）在航空器起飞前，发现有关方面对航空器未采取本条例规定的安全措施的，拒绝起飞；

（二）在航空器飞行中，对扰乱航空器内秩序，干扰机组人员正常工作而不听劝阻的人，采取必要的管束措施；

（三）在航空器飞行中，对劫持、破坏航空器或者其他危及安全的行为，采取必要的措施；

（四）在航空器飞行中遇到特殊情况时，对航空器的处置作最后决定。

第二十四条　禁止下列扰乱民用航空营运秩序和行为：

（一）倒卖购票证件、客票和航空运输企业的有效订座凭证；

（二）冒用他人身份证件购票、登机；

（三）利用客票交运或者捎带非旅客本人的行李物品；

（四）将未经安全检查或者采取其他安全措施的物品装入航空器。

第二十五条　航空器内禁止下列行为：

（一）在禁烟区吸烟；

（二）抢占座位、行李舱（架）；

（三）打架、酗酒、寻衅滋事；

（四）盗窃、故意损坏或者擅自移动救生物品和设备；

（五）危及飞行安全和扰乱航空器内秩序的其他行为。

第四章　安全检查

第二十六条　乘坐民用航空器的旅客和其他人员及其携带的行李物品，必须接受安全检查；但是，国务院规定免检的除外。

拒绝接受安全检查的，不准登机，损失自行承担。

第二十七条　安全检查人员应当查验旅客客票、身份证件和登机牌，使用仪器或者手工对旅客及其行李物品进行安全检查，必要时可以从严检查。

已经安全检查的旅客应当在候机隔离区等待登机。

第二十八条　进入候机隔离区的工作人员（包括机组人员）及其携带的物品，应当接受安全检查。

接送旅客的人员和其他人员不得进入候机隔离区。

第二十九条　外交邮袋免予安全检查。外交信使及其随身携带的其他物品应当接受安全检查；但是，中华人民共和国缔结或者参加的国际条约另有规定的除外。

第三十条　空运的货物必须经过安全检查或者对其采取的其他安全措施。

货物托运人不得伪报品名托运或者在货物中夹带危物品。

第三十一条　航空邮件必须经过安全检查。发现可疑邮件时，安全格套部门应当会同邮政部门开包套验处理。

第三十二条　除国务院另有规定的介，乘坐民用航空器的，禁止随身携带或者交运下列物品：

（一）枪支、弹药、军械、警械；

（二）管制刀具；

（三）易燃、易爆、有毒、腐蚀性、放射性物品；

（四）国家规定的其他禁运物品。

第三十三条　除本条例第三十二条规定的物品外，其他可以用于危害航空安全的物品，旅客不得随身携带，但是可以作为行李交运或者按照国务院民用航空主管部门有关规定由机组人员带到目的地后交还。

对含有易燃物质的生活用品实行限量携带。限量携带的物品及其数量，由国务院民用航空主管部门规定。

第五章　罚则

第三十四条　违反本条例第十四条的规定或者有本条例第十六条、第二十四条第一项、第二十五条所列行为，构成违反治安管理行为的，由民航公安机关依照《中华人民共和国治安管理处罚法》有关规定予以处罚；有本条例第二十四条第二项所列行为的，由民航公安机关依照《中华人民共和国居民身份证法》有关规定予以处罚。

第三十五条　违反本条例的有关规定，由民航公安机关按照下列规定予以处罚：

（一）有本条例第二十四条第四项所列行为的，可以以警告或者3000元以下的罚款；

（二）有本条例第二十四条第三项所列行为的，可以处以警告、没收非法所得或者5000元以下罚款；

（三）违反本条例第三十条第二款、第三十二条的规定，尚未构成犯罪的，可以处以5000元以下罚款、没收或者扣留非法携带的物品。

第三十六条　违反本条例的规定，有下列情形之一的，民用航空主管部门可以对有关单位处以警告、停业整顿或者5万元以下的罚款；民航公安机关可以对直接责任人员处以警告或者500元以下的罚款：

（一）违反本条例第十五条的规定，造成航空器失控的；

（二）违反本条例第十七条的规定，出售客票的；

（三）违反本条例第十八条的规定，承运人办理承运手续时，不核对乘机人和行李的；

（四）违反本条例第十九条的规定的；

（五）违反本条例第二十条、第二十一条、第三十条第一条、第三十一务的规定，对收运、装入航空器的物品不采取安全措施的。

第三十七条　违反本条例的有关规定，构成犯罪的，依法追究刑事责任。

第三十八条　违反本条例规定的，除依照本章的规予以处罚介，给单位或者个人造成财产损失的，应当依法承担赔偿责任。

第六章　附则

第三十九条　本条例下列用语的含义：

"机场控制区"，是指根据安全需要在机场内划定的进出受到限制的区域。

"候机隔离区"，是指根据安全需要在候机楼（室）内划定的供已经安全检查的出港旅客等待登机的区域及登机通道、摆渡车。

"航空器活动区"，是指机场内用于航空器起飞、着陆以及与此有关的地面活动区域，包括跑道、滑行道、联络道、客机坪。

第四十条　本条例自发布之日起施行。

参考文献

[1] 梁秀荣.民航乘务模拟舱服务.北京：中国民航出版社，2015.

[2] 张聿温.中国空姐.北京：中国青年出版社，2011.

[3] 张号全.航空职业形象.北京：化学工业出版社，2015.

[4] 马鸿志.新中国第一代空姐.银川：宁夏人民出版社，1994.

[5] 张号全.抢占就业高地.北京：中国石油出版社，2011.

[6] 郝建萍.服务礼仪.北京：国防工业出版社，2012.

[7] 张号全.勇往职前的三大关键词"心态、方法、行动".中国大学生就业，2012，3.

[8] 中国民用航空局.2016年民航行业发展统计公报.2017.

[9] 中国民用航空局.中国民用航空发展第十三个五年规划.2016.

[10] 张伶利，梁秀荣.未来空姐面试指南.北京：中国民航出版社，2004.

[11] 李永.简明中国民航发展史.北京：中国民航出版社，2013.

[12] 何蕾.民航机场地面服务.第2版.北京：化学工业出版社，2014.

[13] 周为民.民用航空服务礼仪.北京：清华大学出版社，2015.

[14] 韩瑛.民航客舱服务与管理.北京：化学工业出版社，2012.

[15] 檀传宝.德育原理.北京：北京师范大学出版社，2007.

[16] 李宝元.人力资源管理通要.北京：人民邮电出版社，2010.

[17] 李勤.空乘人员化妆技巧与形象塑造.北京：旅游教育出版社，2007.

[18] 于海波.民航服务心理学教程.北京：中国民航出版社，2007.

[19] 李永.民航乘务员基础教程.北京：中国民航出版社，2011.

[20] 韩宇.和你一起面试.北京：中国市场出版社，2008.

[21] 杨怡.空乘职业技能与训练.北京：科学出版社，2014.

[22] 杨怡.空姐教你考空姐.武汉：武汉大学出版社，2011.

[23] 柳杨.空乘职业规划指南.北京：中国民航出版社，2007.

[24] [美] 马斯洛.人本管理.马良诚译.西安：陕西师范大学出版社，2010.

[25] [美] 菲利普·津马多，迈克尔·利佩.态度改变与社会影响.北京：人民邮电出版社，2007.

[26] 民航资源网：http://www.carnoc.com/

[27] 百度百科：http://baikc.baidu.com/